MULHER DA VIDA

BENNY BRIOLLY
MULHER DA VIDA

NARRATIVAS DE UM CORPO POLÍTICO

oficina
raquel

© Benny Briolly, 2024
© Editora Oficina Raquel, 2024

Editores
Raquel Menezes
Jorge Marques

Assistente editorial
Philippe Valentim

Estagiária
Nicole Bonfim

Revisão
Thaissa Bento Ferreira

Capa, diagramação e projeto gráfico
Paulo Vermelho

Dados internacionais de catalogação na publicação (CIP)

B858m Briolly, Benny.
       Mulher da vida : narrativas de um corpo político /
      Benny Briolly. – Rio de Janeiro : Oficina Raquel, 2024.
       128 p. : il. ; 18 cm.

      ISBN 978-85-9500107-7

      1. Briolly, Benny 2. Biografia I. Título.

CDD 920
CDU 929Briolly

Bibliotecária: Ana Paula Oliveira Jacques / CRB-7 6963

oficina
raquel

Mais que livros, diversidade

R. Santa Sofia, 274
Sala 22 - Tijuca, Rio de Janeiro - RJ, 20540-090
www.oficinaraquel.com
oficina@oficinaraquel.com
facebook.com/Editora-Oficina-Raquel

Sumário

PREFÁCIO 9

1. EU, BENNY BRIOLLY 13
2. IGREJA, RELIGIÃO E FÉ 27
3. UMA RELIGIÃO DA PERIFERIA 39
4. COMO CHEGUEI AO CANDOMBLÉ, MINHA ANCESTRALIDADE 45
5. MINHA AVÓ, MINHA HISTÓRIA 53
6. MEU PROCESSO PARA SER O QUE SE SOU 61
7. MINHA MÃE, MINHA FIGURA 67
8. UM FILME DE PELES PLURAIS 73
9. TE ADORANDO PELO AVESSO 79
10. O CARNAVAL É UM ATO POLÍTICO! 87
11. MULHER NA POLÍTICA 95
12. MARI, UMA AMIGA, UMA FALTA 105
13. RESSIGNIFICO TODOS OS DIAS O AMOR 111
14. VAI SER TUDO NOSSO E NADA DELES 119

Este livro é dedicado à minha avó,
D. Nilá, meu amor, minha força
ancestral e meu lugar de aprendizado.

Agradeço aos que fizeram parte
deste livro: a editora, minha equipe
e a minha mandata.

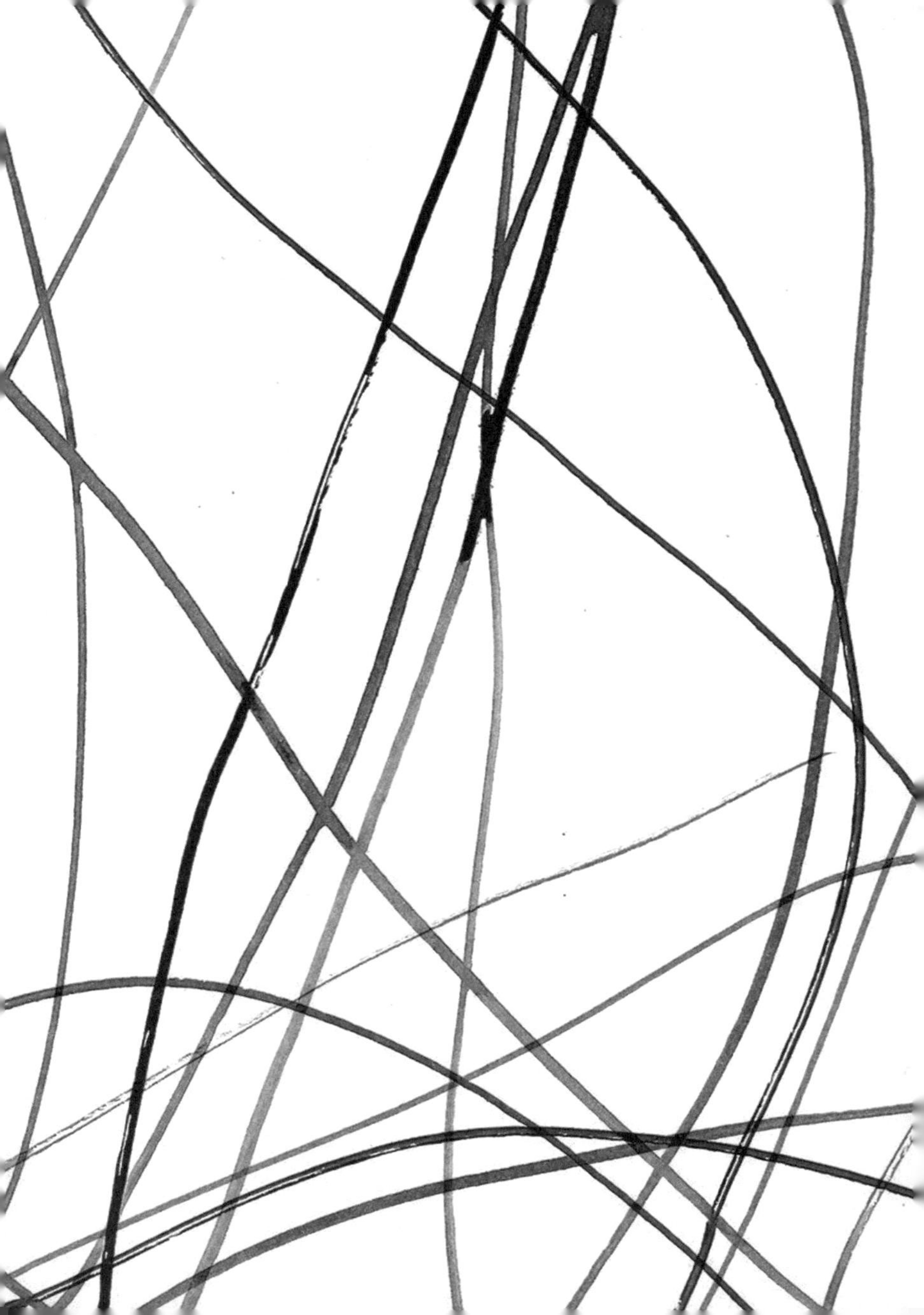

PREFÁCIO

A DANÇA DA ESPERANÇA

Toda atividade de reinvenção requer coragem, pois se renovar é se apaixonar pela esperança de dias melhores. O esperançar dos novos dias refaz nossas forças e nos tira do incômodo, ao mesmo tempo que nos incomoda; tira os medos, assim como cria novos temores. Assim é toda vez que a vida nos exige recalcular as rotas e nos despir do amedrontamento em nome de sermos quem somos de verdade.

A cultura africana nos presenteia com um importante provérbio dos povos da África Oriental. Diz ele: "Você pode voltar atrás e buscar aquilo que esqueceu" ou "Nunca é tarde para voltar e apanhar aquilo que ficou para trás". O ideograma deste provérbio consiste em um pássaro com a cabeça voltada para trás e com um ovo em seu bico; já a etimologia do conceito Sankofa, língua utilizada no território de Gana, é construída por morfemas que significam "voltar" (Sanko) e "buscar, trazer" (fa).

Sankofa nos mostra que é sempre preciso olhar para trás e compreender nosso passado para dele gestar nosso novo eu do futuro – que nos pertence e que é nosso por direito. Ser mulher negra é exercitar sempre o Sankofa, é refazer-se e reinventar-se para se libertar das opressões de um sistema que nos escravizou. O viver de uma mulher negra é, antes de qualquer coisa, Sankofa.

Benny é uma mulher de mil trajetórias, dona de uma inquietação que a faz ser mulher movimento todos os dias. Sua história de vida traduz sua capacidade de olhar para si, e a partir do vivido recriar a vida. E o que é a vida senão nosso amanhecer diário no qual escolhemos lutar por nós e pelos nossos, enfrentando uma sociedade que produz desigualdades de todas as ordens?

PREFÁCIO

Benny soube romper com a lógica do fundamentalismo religioso que a aprisionou até o final de sua adolescência, ousou ser e viver seu eu, sua ancestralidade, sua forma de ver e sentir o mundo. Em meio à violência transfóbica – infelizmente reproduzida em algumas Igrejas e comunidades que por vezes justificam e defendem discursos de morte aos corpos trans e LGBTQIAPN+, ela escolheu viver e por isso é uma mulher forjada pela vida como ela é.

Esta obra versa, sobretudo, sobre a Sankofa da nossa vida. Versa sobre o amor e a fé, capazes de nos fazer expandir, e nos dá ânimo para vislumbrar uma nova sociabilidade, livre de preconceitos e da exploração de classes. Um novo mundo onde "nada nos defina, que nada nos sujeite, que a liberdade seja nossa própria substância", como sonhou Simone de Beauvoir.

TALÍRIA PETRONE

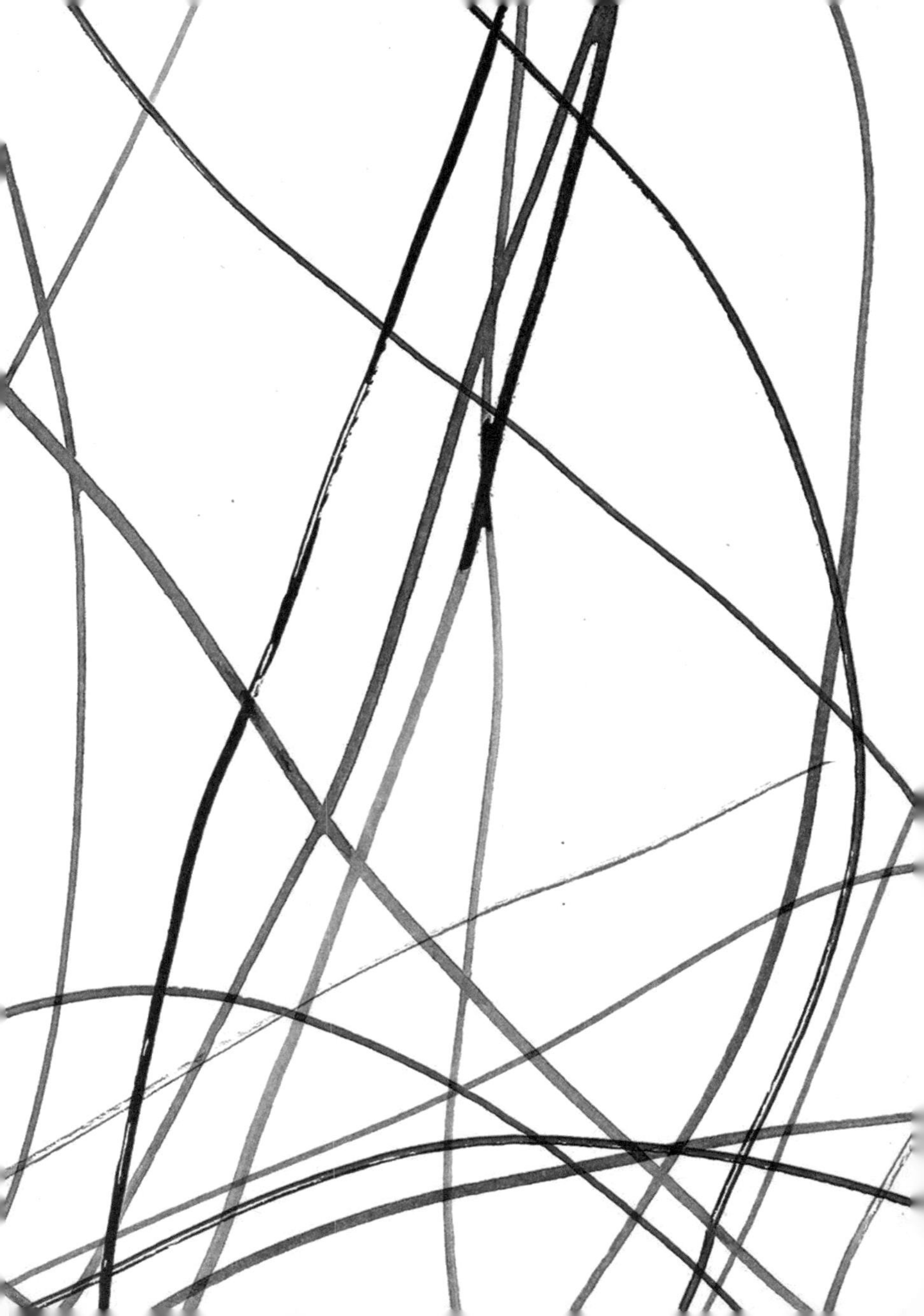

1
EU, BENNY BRIOLLY

Escrevi este livro para ser um ponto de força, de luz e de inspiração para as muitas pessoas que vão me ler. Sou uma travesti preta, favelada e de axé. Meu processo de transição de gênero foi um aprendizado para mim e, ao compartilhá-lo como parte fundamental da minha trajetória, pode também servir de aprendizagem para muita gente. Digo isso tanto para quem já está em transição, mas para quem, cheio de dúvidas e incertezas, está pensando em iniciar o processo. Além disso, este livro é também para quem acompanha um amigo ou um parente em processo de transição de gênero. Trago memórias em textos para todas as pessoas que se interessam pelo discurso da diversidade sexual e de gênero.

Meu processo de socialização masculina, imposta pelo mundo machista e patriarcal, me colocou a ser lido na sociedade enquanto um menino pobre e preto da periferia da cidade de Niterói. Ainda com esta leitura muito presente na minha infância e parte da adolescência, me deparei com o preconceito, a hipocrisia e a hostilidade. Por outro lado, para minha alegria, encontrei também uma rede de afeto e acolhimento, que me faz ser hoje uma mulher relevante no cenário político nacional, capaz de me colocar diante das barreiras sociais para construir um Brasil mais justo, democrático e equânime.

Uma das coisas que mais me orgulham na minha trajetória é saber que hoje a minha vida possibilita outras pessoas a terem direito à vida. A minha luta sempre foi pela vida. Um corpo trans e negro luta pela vida e é por isso que sinto muito orgulho porque a minha existência viabiliza direitos a outras pessoas.

Benny, na infância
Acervo pessoal.

Minha presença, lamentavelmente, incomoda muita gente (e, cá entre nós, talvez você esteja me lendo agora por este incômodo), mas sei que ao contar esta minha narrativa e fazer minhas reflexões eu posso ajudar muitas pessoas a se reconectarem com sua ancestralidade, sua sexualidade, suas existências e vivências.

Quero ser, na minha trajetória política – no sentido mais amplo da palavra –, uma referência. Hoje é possível encontrarmos nas vivências de pessoas transvestigêneres referências que outras realidades podem olhar, se espelhar e construir outra possibilidade de futuro. Ser a vereadora mulher mais votada da cidade de Niterói diz muito sobre como os indivíduos me veem como uma figura central na busca por novos horizontes, assim como ser a primeira trans eleita no Estado do Rio de Janeiro também é um indicativo. É por isso que trago estas memórias. Quero que estes escritos possam trazer os percursos que me tornaram uma mulher forte, combativa e construtiva. Uma mulher da vida.

O MEDO BATE
MAS APRENDI
QUE SOU
MAIOR
DO QUE
MEUS MEDOS.

Espero que meu processo, atravessado pelo racismo, pela transfobia e pelas disputas de classes que se estruturam no sistema capitalista, sirva de motivação e coragem para as pessoas, sejam elas cis ou trans. Por isso, aqui vai um pedido: que nossos medos e/ou obstáculos jamais adiem nossos sonhos ou escondam nossos desejos.

Que eu possa me permitir continuar inspirando tantas pessoas, mas que eu olhe também sempre para mim e nunca me esqueça de quem eu fui, onde estou e para onde vou. Afinal, isso é um trabalho diário: crescer e seguir nosso caminho. Portanto, cresçamos!

A gente tem falado muito de vida e isso é essencial. Precisamos disputar a narrativa do que é vida de verdade, com dignidade e com direitos. Parti da marginalização para a quebra de barreiras, de correntes. Deixei de ser mais uma voz dominada para ser uma tomadora de decisões nos espaços de poder: Uma mulher que se organiza junto aos movimentos sociais, uma mulher que comunica luta, e que usa do seu (re)conhecimento e existência e tudo que ele representa como um corpo político; uma mulher que resgata a perspectiva de sua ancestralidade para reconfigurar o cenário no qual vivemos, trilhando novos caminhos junto à busca de uma nova sociabilidade. Sou uma mulher do futuro, uma mulher que traz o passado para o presente, pensando em uma perspectiva de ampliação de direitos.

Aprendi na minha caminhada (de vida, religiosa e política) que olhar para o para o passado não significa saudosismo ou algum tipo de hiper idealização daquilo que passou. No pensamento afro diaspórico, o futuro se pavimenta no passado e nos ancestrais. Um dos itãs de Exu nos ensina que, na dúvida, devemos voltar para o centro da encruza para, a partir dela, podermos olhar os nossos passos anteriores e futuros.

Sou uma mulher da vida. Por que a mulher não pode ser da vida? A vida faz parte da mulher. Ela tem direito à vida. E, enquanto mulher da vida, descubro, diariamente, que estou sempre e estive viva! Sou vida criada por todas as vidas que vieram antes e sou vida para todas as que virão depois.

SOU UMA MULHER QUE QUER SEU DIREITO DE ESPAÇO, CORPO E LUGAR. SOU UMA MULHER DA VIDA.

Minha jornada é marcada por desafios, resistência e uma busca incansável pela igualdade e justiça social. Como uma mulher negra e transgênero, enfrentei inúmeras barreiras ao longo da vida, mas cada obstáculo serviu como combustível para minha luta por direitos humanos e dignidade para todas as pessoas.

Desde cedo, percebi as disparidades e as injustiças que permeiam nossa sociedade, especialmente em relação às comunidades marginalizadas. Como ativista, busquei amplificar as vozes daquelas pessoas que são sistematicamente silenciadas e ignoradas. Minha eleição como vereadora na cidade de Niterói foi um marco histórico, não apenas para mim, mas para toda a comunidade LGBTQIAPN+ e para quem acredita em um futuro mais inclusivo e justo.

Atualmente em meu mandato, luto incansavelmente pela aprovação de leis que visam garantir os direitos das pessoas trans e não-binárias, incluindo a lei de identidade de gênero e legislações antidiscriminatórias. Acredito firmemente na importância de políticas públicas que reconheçam e protejam a diversidade humana em todas as suas formas.

Dedico meu trabalho a promover políticas de saúde voltadas para a comunidade LGBTQIAPN+, bem como uma educação inclusiva que celebre a diversidade e combata o preconceito desde cedo. Minha luta é por uma sociedade onde todas as pessoas possam viver livres de discriminação e violência, onde cada indivíduo seja respeitado em sua plena humanidade.

Minha jornada pode ter enfrentado adversidades, mas minha determinação em criar um mundo mais justo e igualitário permanece inabalável. Acredito no poder da solidariedade, da empatia e da resistência coletiva para transformar realidades e construir um futuro no qual todas as vozes sejam ouvidas e todos os corações sejam celebrados e respeitados.

Minha história é apenas uma entre muitas, mas é uma história de esperança, coragem e amor pela pela vida.

MINHA DETERMINAÇÃO VEM DA VONTADE DE CRIAR UM MUNDO MAIS JUSTO.

Foto: João Werneck
Ato na Candelária pelo Orgulho LGBT, em 2021.

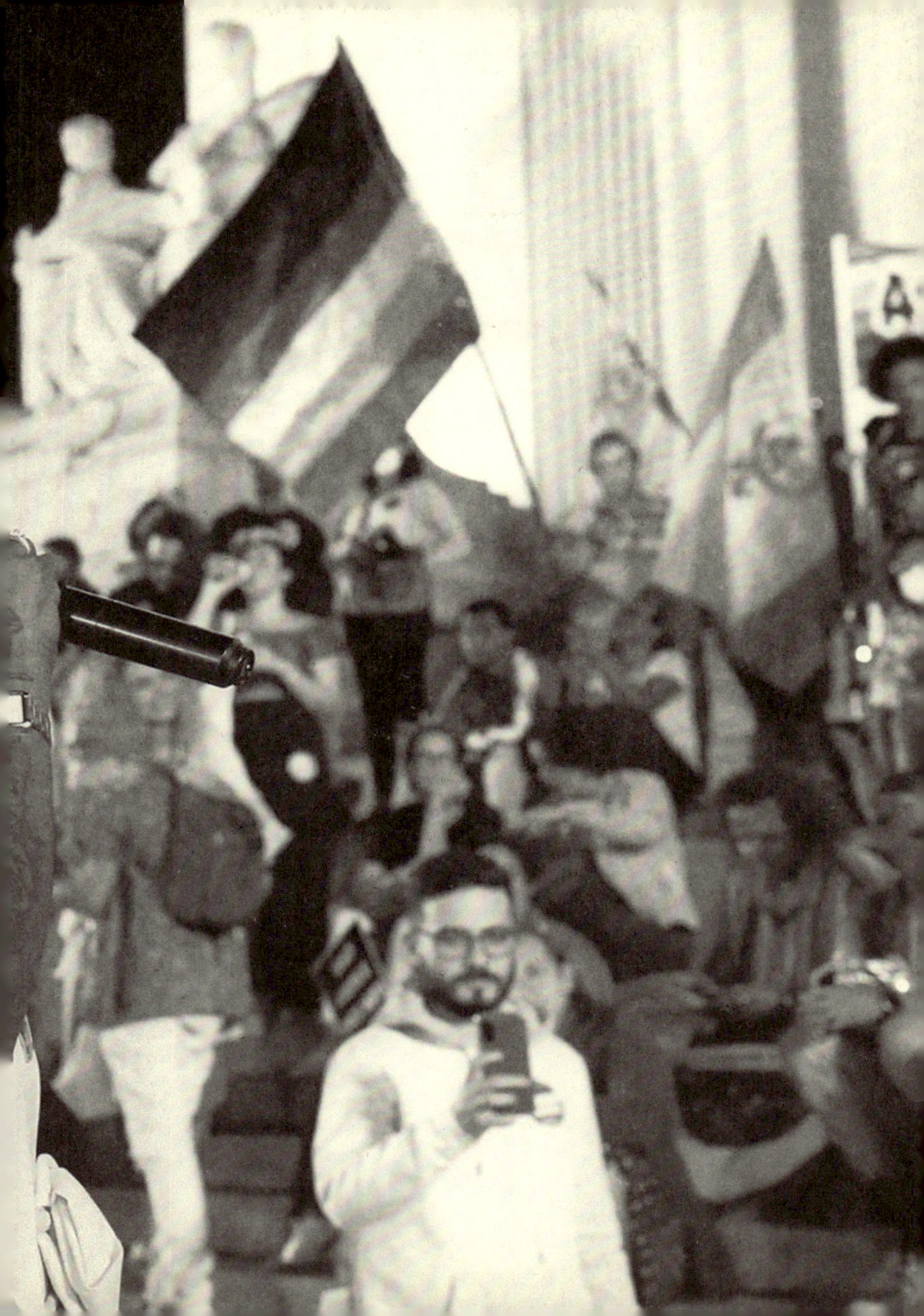

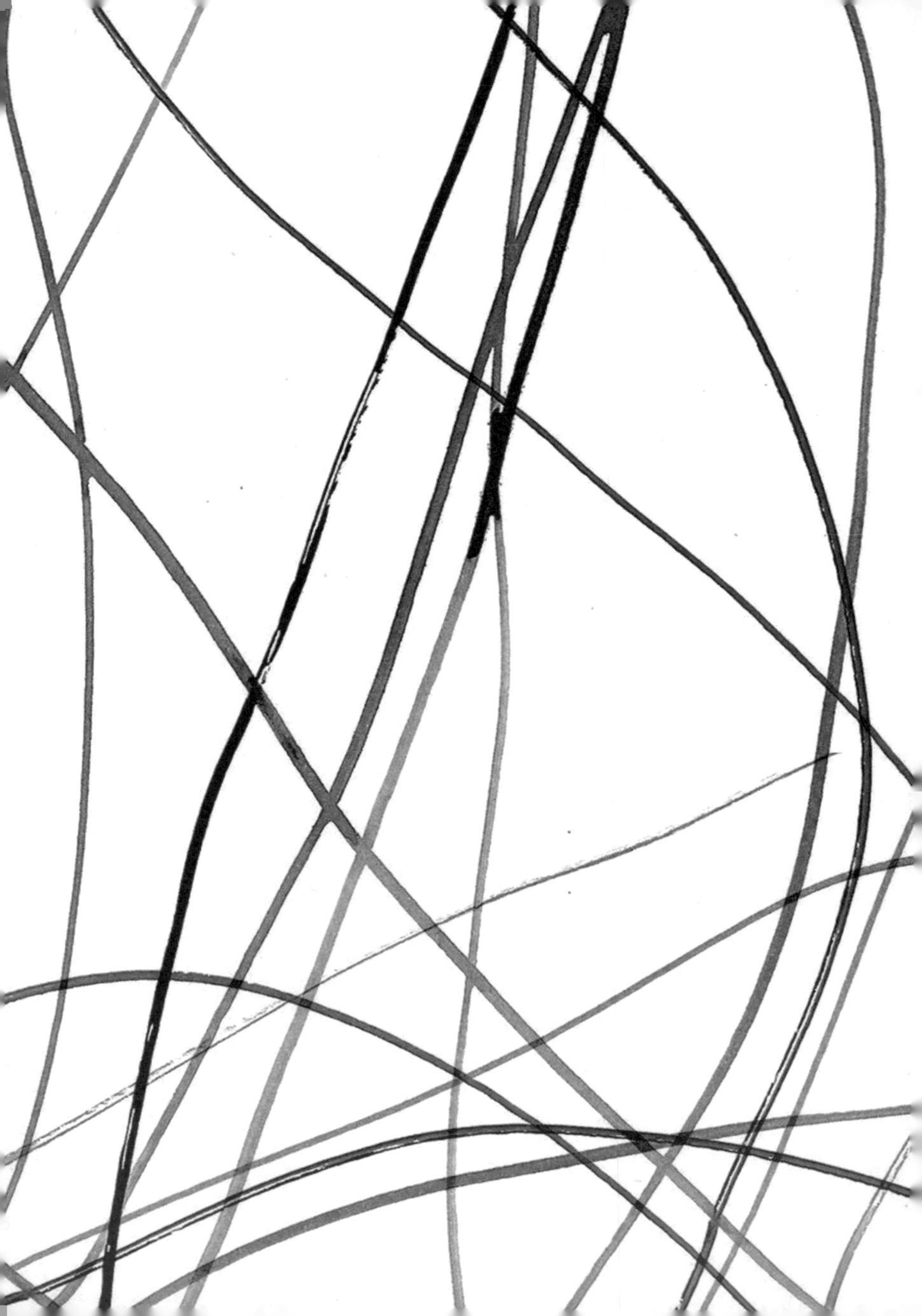

2
IGREJA, RELIGIÃO E FÉ

Sou constantemente atacada por pastores e fiéis, mas nunca pensei em revidar esses ataques porque meu lugar de enfrentamento é na política. Não quero atacar a fé das pessoas, nem a minha própria fé, tampouco a das pessoas da minha família. As Igrejas estão cheias porque muita gente precisa desse espaço para buscar conforto socioemocional. Mas sabemos também que, além disso, a Igreja, muitas vezes, ocupa um espaço que deveria ser do Estado.

O que vou contar a seguir faz parte da minha história. Não mudo nada fazendo denúncia. Conto aqui, portanto, o que faz parte da minha vivência. Relato aqui o que me faz ser a Benny. Ter sido cristã, no final das contas, me constitui também, assim como o carinho da minha avó, minhas histórias com minha amiga Larissa, minha relação com a minha mãe, ser filha de axé e meu gosto pelo Carnaval. Sei e reconheço que sou fruto de todas as minhas experiências – tanto as boas, como as ruins.

A religião, para minha avó, não era apenas forma de crença, mas também uma forma de socialização. O único lugar que ela podia frequentar era a Igreja. Meu avô proibia minha avó de sair de casa, então as amigas dela eram somente irmãs em Cristo, como se diz na comunidade cristã. Ela não podia ir à casa de uma amiga e se limitava a encontrar sua rede de amizades na Igreja. O único momento que tinha para conversar era depois do culto, quando ficava mais meia horinha se distraindo e trocando histórias e receitas com as amigas. Como muitas fiéis, o único lugar que ela tinha para socializar era a Igreja.

Minha avó tinha fé, mas não acho que era apenas a fé em Deus que a movia. A Igreja era um refúgio. E percebo que isso acontece, inclusive, com muitas pessoas condicionadas a diversos tipos de opressões. Às vezes não é só a prisão em casa pelo marido e/ou a família, mas, muitas vezes a ausência de garantia de trabalho e de renda pelo Estado, que não proporciona educação e demais políticas públicas que visam garantir, também, acesso ao lazer, algo constitucional. Nesse sentido, acredito que muitas pessoas frequentam as Igrejas evangélicas com o intuito de socializar, atividade que é uma necessidade premente do ser humano.

Observo esse fenômeno recorrentemente com os jovens também. A Igreja evangélica acaba por ocupar muito o espaço de integração social na vida da juventude. A comunidade cristã tem muitos projetos sociais e ajuda as pessoas a lidar com o uso prejudicial de álcool e outras drogas[1].

Conheço histórias de pessoas que mudaram suas vidas por causa da Igreja, devido à fé nos valores cristãos, em virtude da construção de uma comunidade afetiva na Igreja. O afeto, sabemos, também

---

[1] Não obstante, não podemos deixar de mencionar que há também um extenso debate sobre comunidades terapeuticas chefiadas por algumas denominações evangélicas que se valem de trabalho análogo à escravidão e de tratamentos com agressões físicas e mentais.

revigora, transforma. Ele, o afeto, também renova a força das pessoas. Podemos ver em vários casos como relações afetivas apoiam ressocializações. E a Igreja, inegavelmente, tem muito afeto para dar às pessoas. É um lugar onde são reproduzidos muitos preconceitos, mas, ao mesmo tempo, é um lugar onde os fiéis se ajudam em nome da caridade e se amam. Esse espaço, por vezes, para alguns indivíduos, se constitui como lugar de afeto, de cuidado e de carinho.

Eu, por exemplo, tenho uma trajetória na Igreja. Além de a minha avó ser cristã, meu pai é pastor. E repito: não tenho problema nenhum problema com a Igreja e/ou os fiéis. Vivi boa parte da minha vida na Igreja. E quando menciono Igreja, sim, refiro-me à Igreja evangélica.

Vou contar um pouco sobre isso: minha avó foi da Universal. Ela fechou o terreiro (sim, ela era de terreiro) e foi para a Universal. Ela foi uma das primeiras obreiras do Edir Macedo. Além dela, tenho tios e primos que até hoje são bispos e pastores da Universal. Alguns de meus parentes estão fora do país e são missionários desta denominação em outros lugares.

Fiquei na Universal com a minha avó por um bom tempo. Aos dezesseis anos de idade, meus tios me convenceram a estudar para ser pastor. Acredite... já fui pastor da Universal. Tenho até foto.

Existe uma instituição chamada IBUGHT, que é o Instituto Bíblico de Ensino Universal. Cresci na Igreja do Bispo Macedo, e, lá, eles dão preferência para manter as famílias nos cargos e hierarquias. O pensamento é bem simples neste sentido, já que sua família é toda da Igreja e eles te conhecem, acham por bem ficar "tudo em casa", digamos assim. Quando fiz dezesseis anos, os meus tios pastores começaram a falar que eu também deveria ser pastor, com essa idade, me mandaram para a Catedral de Del Castilho.

O IBUGHT também é conhecido como quartel e os jovens passam de seis meses a um ano lá. É um lugar onde você aprende a fazer muitas coisas ligadas à coordenação de membros de Igreja e conversão de pessoas à fé cristã.

Aprendi a orar, a pedir a oferta e o dízimo, e até mesmo atuar na "fogueira santa", sobre a qual vocês provavelmente já ouviram em diversas mídias. Aprendi a atender as pessoas e a conversar com elas sobre seus problemas e anseios, mas, claro, desde uma perspectiva cristã. Aprendi os funcionamentos da Igreja. Me ensinaram como acolher os irmãos e como dar a eles algum conforto espiritual.

Além disso, quando iniciei esse caminho, o programa "Fala que eu te escuto" estava começando a ser produzido e acabei tomando gosto pela área de comunicação. Fazia entrevistas, chamadas e outras atividades relacionadas ao programa. Fiquei um tempo atuando ali e depois fui para uma Igreja em Campo Grande, já como pastor, mesmo sendo ainda adolescente.

Eu me sentia fazendo o que achava que tinha que fazer da minha vida: cumprindo um papel para atender aos sonhos e às idealizações da minha avó. Apesar disso, a cada dia, eu sentia que aquele ambiente não me satisfazia. Porém eu tinha muito medo de decepcioná-la e, por isso, fiquei mais algum tempo. Um belo dia, entretanto, arrumei minhas coisas, fui embora e ninguém nunca mais me viu.

Confesso que naquela altura eu até tinha um pouquinho de fé. Eu acreditava em Deus. Sou uma pessoa que tende a acreditar muito no que faz, ou melhor, que precisa acreditar para realizar, mas, se começo a desacreditar, desisto. Essa sempre foi uma

IGREJA, RELIGIÃO E FÉ

característica minha. Faço o que acredito e faço muito bem. No entanto, devido aos problemas de convivência, eu comecei a desacreditar.

Vi muita coisa sendo conduzida de um modo que não estava de acordo com a minha ética. Vi tanta condenação das pessoas LGBTQIAPN+, ao mesmo tempo que via pessoas do mesmo sexo se relacionando. Mas não era só isso. Lembro das agressões: os meninos, quando se atrasavam ao acordar, recebiam baldes d'água, como no quartel. Outros meninos, que ficavam no SOS – atendendo o telefonema de quem ligava para o programa "Fala que eu te escuto" – acabavam cochilando de cansaço e também recebiam água na cara ou outro tipo de agressão. Dormíamos a uma da manhã e tínhamos de acordar às cinco. Quando acontecia de cochilarmos, os mais velhos nos empurravam ou davam pescoção. E, por incrível que pareça, ninguém denunciava, porque entendíamos que estar ali era uma oportunidade. Era um jogo de poder e de muita perversidade.

O acesso era muito restrito. Como eu disse, somente eram selecionados os que tinham família cristã, preferencialmente ligadas a pastores. Então, o senso geral ali era de que não cumprir todos os mandos era desperdiçar uma oportunidade. Quando falo de a religião ocupar o espaço que deveria ser preenchido pelo Estado é bem nesse sentido. Por exemplo, com o pouco acesso à educação de qualidade, as famílias, muitas vezes, optam pelo filho ter uma formação religiosa, mesmo sem vocação, para ter alguma chance de qualidade de vida. Além disso, para muitas famílias, os jovens participarem da comunidade cristã é um modo de mantê-los longe do crime e das drogas. É como se o uso da violência emocional fosse uma justificativa para proteger da violência urbana.

Lembro até hoje da minha saída. Percebi que não era aquilo que eu queria para a minha vida. Estava cansada de viver em um espaço que não havia escolhido e onde não me sentia confortável. Saí daquele ambiente tão hostil aos meus valores para renascer e me redescobrir.

Depois dessa decisão, tive muitos problemas em casa. Fui morar com minha avó, porque, acredite, ela foi a única que me acolheu, mesmo que aquilo lhe causasse uma enorme dor. Sei que eu estava destruindo o sonho dela. Percebia que minha decisão lhe doía muito e passou a doer em mim também. Tive uma depressão muito grave, com tentativa de suicídio. Fiquei duas semanas internada no hospital. Acordei depois desse tempo e comecei a fazer terapia. Logo nas primeiras semanas de tratamento, concluí que precisava transformar a minha vida. Comecei a participar de diversos movimentos sociais, fui conhecer a militância e fui "saindo do armário".

Se você já viu o filme *A vila*, dirigido por M. Night Shyamalan, e com Bryce Dallas Howard, Joaquin Phoenix e Adrien Brody no elenco, sabe que toda uma comunidade é colocada dentro de um lugar fechado e é dito às pessoas que elas não podem atravessar o muro pois quem atravessa, morre. Na trama, uma menina cega atravessa para o outro lado. É um pouco como a minha história e acredito que, por isso, minha psicóloga tenha me indicado este filme. Fui criada na Igreja, mas tem um mundo gigante fora dela. Em busca de poder, te aprisionam no medo do desconhecido. Mas consegui sair para o outro lado do muro, consegui sair da "vila". Olho agora o mundo, e, digo: tem um monte de coisa para eu olhar (e para você também).

AO OLHAR O MUNDO, CONSEGUI ME REINVENTAR.

Eu não acredito na Bíblia, mas não poderia dizer que não acredito em Deus. Percebo, sinto e acredito que existem diversos conceitos de Deus. Cada viés religioso traz uma vertente de Deus. Na minha fé, Deus é Olodumare. Deus para mim é libertário e acolhe as pessoas, independente de suas condições e crenças. Deus, para mim, não tem problema com os corpos, com a diversidade. Ele não marginaliza e não é preconceituoso. Mas no Deus da Bíblia, como eu já disse, não acredito, por se tratar, no meu entendimento, de uma hipocrisia alimentada pela visão imatura e gananciosa do homem. Não falo aqui de qualquer homem, me refiro àqueles que constroem instituições religiosas e que possuem funcionalidade no processo de opressões e manutenção dos preconceitos. Para esses, em sua maioria homens brancos e ricos, interessa muito ter em nossa sociedade religiões que excluem, criminalizam e violentam grupos pela cor da pele, sexualidade, gênero e local de moradia.

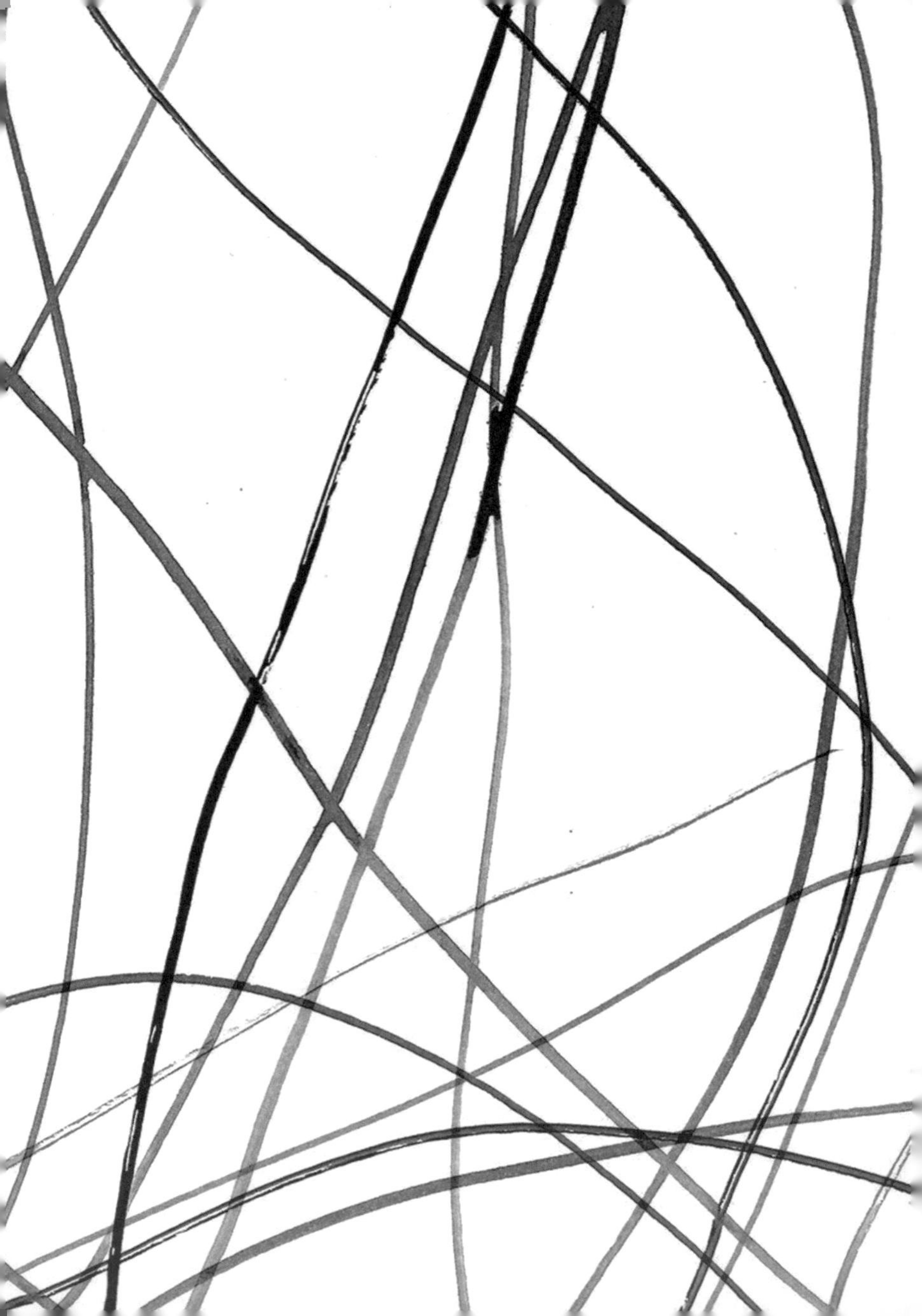

3
UMA RELIGIÃO
DA PERIFERIA

A Umbanda é uma religião sincrética e multifacetada, que tem suas raízes no Brasil, combinando elementos do Espiritismo (kardecista), do Catolicismo e das religiões tradicionais africanas. Muitos acreditam que sua origem remonta ao bairro de Neves, que há época fazia parte de Niterói e atualmente compõe a cidade de São Gonçalo, localizada no estado do Rio de Janeiro.

A história do nascimento da Umbanda é fascinante e cheia de mistérios, envolvendo lendas, tradições e um profundo senso de fé, esperança e amor, palavras que fazem parte inclusive do chamado hino da Umbanda.

Niterói, minha cidade, possui uma rica tradição cultural e religiosa, com uma mistura de influências africanas, indígenas e europeias que se reflete na diversidade de crenças e práticas espirituais presentes na região. É nesse contexto de sincretismo religioso e pluralidade de crenças que a Umbanda surge como manifestação de fé e devoção, se espalhando pelas ruas, casas e terreiros da cidade.

As origens da Umbanda em Neves remontam ao início do século XX quando, segundo a tradição oral e de registros, um médium chamado Zélio de Moraes[2], em uma casa espírita – kardecista – incorporou pela primeira vez um espírito ligado aos africanos e ameríndios.

Essa manifestação é considerada o marco inicial da nova religião, que agregava saberes e ancestralidades negros e ameríndios. Ao ser indagado quem seria, esse caboclo teria respondido que se chamava Caboclo das Sete Encruzilhadas, e que para esse novo princípio religioso não haveria caminhos fechados.

---

[2] Vale ressaltar, que, para alguns, esta perspectiva da fundação da Umbanda é problematizada. Isso porque, de algum modo, a narrativa colada à Zélio traz uma concepção europeia que reforça o racismo ao anular a manifestação de entidades populares. Saliento que há, portanto, outras perspectivas desta fundação, mas o que importa, para mim, neste livro, é pensar como a Umbanda construiu uma comunidade de fé em Niteroi e em São Gonçalo.

A presença do Caboclo e de outras entidades espirituais, como Pretos-Velhos e Crianças, teria proporcionado um novo caminho de esperança e fé para as pessoas, promovendo a cura espiritual e o fortalecimento dos laços comunitários. Gradualmente, a mensagem de amor, caridade e respeito mútuo difundida por essas entidades espirituais conquistou o coração e a fé de muitos moradores da região, gerando uma crescente adesão e devoção à prática da Umbanda.

A partir desse ponto de inflexão, os terreiros de Umbanda se multiplicaram em Niterói e São Gonçalo, tornando-se espaços de encontro, celebração e conexão espiritual para a comunidade, onde eu, por exemplo, me encontro e tenho ótimas experiências. A prática de rituais, como a gira (em que os médiuns incorporam as entidades espirituais), e a realização de trabalhos de caridade e cura passaram a fazer parte do cotidiano religioso da cidade, deixando uma marca indelével na cultura local.

Com o passar do tempo, a Umbanda em Niterói e em São Gonçalo se expandiu, ganhando projeção nacional e internacional. Através de seus valores de amor, solidariedade e respeito à natureza, a religião conquistou seguidores em diversos lugares, consolidando-se como uma importante expressão da espiritualidade brasileira.

Hoje, os terreiros de Umbanda em Niterói e em São Gonçalo continuam sendo espaços de acolhimento, crescimento espiritual e transformação para seus frequentadores, mantendo viva a chama de suas origens e tradições. As cidades se orgulham de sua relação íntima com a Umbanda, celebrando sua diversidade religiosa e cultural, e reconhecendo o papel fundamental que essa religião desempenha na construção de uma sociedade mais justa, compassiva e inclusiva.

O nascimento da Umbanda em Neves representa, assim, uma história de fé, resiliência e esperança, que ecoa através do tempo, inspirando gerações presentes e futuras a buscar a paz interior, o equilíbrio espiritual e a união fraternal entre todos os seres. É uma história que nos lembra da importância de acolher e respeitar as diferentes manifestações de crença e espiritualidade, celebrando a diversidade que enriquece nossa experiência humana. É uma das histórias de um todo e de uma ancestralidade, que constitui o que sou e como vivo.

SOU DE NITERÓI E NITERÓI É DE AXÉ.

Foto: João Brasil
Primeiro Encontro de Terreiros em Niterói, no Clube Gragoatá, em 2023.

4
COMO CHEGUEI AO CANDOMBLÉ, MINHA ANCESTRALIDADE

Foi minha irmã Daniele quem me levou ao terreiro. Venho de uma família de tradição de terreiro. As minhas avós, tanto por parte de pai como de mãe, tinham terreiro, ainda que também, como já contei, tenham sido de fé cristã. Minha mãe também era de terreiro. Era feita no santo e, depois de um tempo, um pouco antes de morrer, se converteu ao cristianismo e largou o seus orixás.. Meu pai e minha mãe, na verdade, entraram juntos para a Igreja, quando minha mãe ficou muito doente, e já não tinha muitas perspectivas de cura. Os dois foram buscar na

Igreja a cura para minha mãe através de algum milagre. Segundo os pastores, obviamente, e com toda a intolerância religiosa que lhes é típica, "era da macumba que vinha todo mal", e que, portanto, foi o que a adoeceu.

Para além do preconceito religioso, as pessoas não entendem que temos um corpo, e que a saúde pública é um caos para os mais pobres. Uma série de outros fatores diminuem a expectativa de vida de pessoas como a minha mãe e outros membros da minha família. Em outras palavras, certamente não foi a macumba que adoeceu minha mãe, mas sim a falta de assistência médica adequada para uma mulher preta e pobre. Ela foi mais um caso entre tantos no Brasil.

Quando, aos vinte e dois anos, me encontrei com as religiões de matrizes africanas, acabei por me descobrir espiritualmente e, com isso, deparei com a minha identidade, minha ancestralidade. O terreiro é um lugar onde me sinto conectada. É um espaço onde consegui sentir fé novamente. Eu digo que o ser humano precisa ter fé em alguma coisa, mesmo que seja fé em uma luta. "Ai eu sou ateu, não acredito em nada.", você pode até dizer, mas é preciso acreditar em alguma coisa. Nem que esta crença não seja em algo divino, mas apenas em confiar que o mundo vai melhorar. Em algo o ser humano precisa crer para se manter vivo. Quando eu comecei a me reconectar com a minha fé, passei a ter mais esperança, mais vontade de viver e mais força para me manter viva.

Conheci o Candomblé e a Umbanda quando fui a um terreiro e a Maria Mulambo falou para mim que ela era uma entidade que acompanhava minha mãe. Contou vários episódios da minha vida que experenciei com a minha mãe, algumas coisas, inclusive, que eu estava vivendo naquele momento. Mulambo falou ainda que minha mãe era sucessora de um legado de mulheres. Nesse encontro, ela me falou ainda que tinha um reinado e que este reinado tinha que ter continuidade; que minha mãe começou essa história e essa história não poderia morrer. Maria Mulambo queria continuar essa trajetória em mim.

Foto: João Brasil
Primeiro Encontro de Terreiros em Niterói, no Clube Gragoatá, em 2023.

Tive a oportunidade de personificar Maria Mulambo uma vez na avenida, no Carnaval. Lembro do dia que isso aconteceu. Eu percebia a sua presença ao meu lado. Ela caminhava comigo. Eu conseguia sentir a alegria dela em ver que a cultura popular brasileira estava ali sendo representada por sua figura.

Eu levava um tapete de flores, como no ponto:

> "Mulambo, rainha da encruza
> A deusa encantada
> Ela tem no seu gongá a segurança
> A sua estrada é marcada
> Caminhou num tapete de flores
> E nem sequer se importou
> Ela deixou os seus súditos chorando
> E foi viver no mundo da perdição
> Ela é rainha! Ela é mulher!
> Ela é rainha! Ela é mulher!
> Pedacinho de Mulambo
> Para quem tem fé
> Ela é rainha! Ela é mulher!
> Ela é rainha! Ela é mulher!
> Pedacinho de Mulambo
> Para quem tem fé"

Mulambo é uma entidade que foi rainha e renunciou a tudo o que tinha para viver a disposição de ser forte, de servir o povo e às pessoas. Casou (ou melhor, foi obrigada a casar) com um rei e, assim, virou uma mulher muito rica. Mas, mesmo com toda a riqueza, ela não era feliz. Em um gesto de caridade, Mulambo pegou sua riqueza, distribuiu para os pobres e foi viver no meio do povo. Foi, então, fazer caridades e ações de solidariedade.

Mulambo é a minha esperança do amanhecer, do viver, do acordar. Sou grata e sei que ela me dá força para permanecer na luta diária, seja na vida pessoal, seja na vida política. Não consigo esquecer a magia desse desfile e a sensação de personificar na avenida a força espiritual que me guia. Já levei Maria Mulambo para o plenário e fui, com ela e como ela, para a avenida.

SEM FÉ E AMOR, É IMPOSSÍVEL MUDAR O MUNDO!

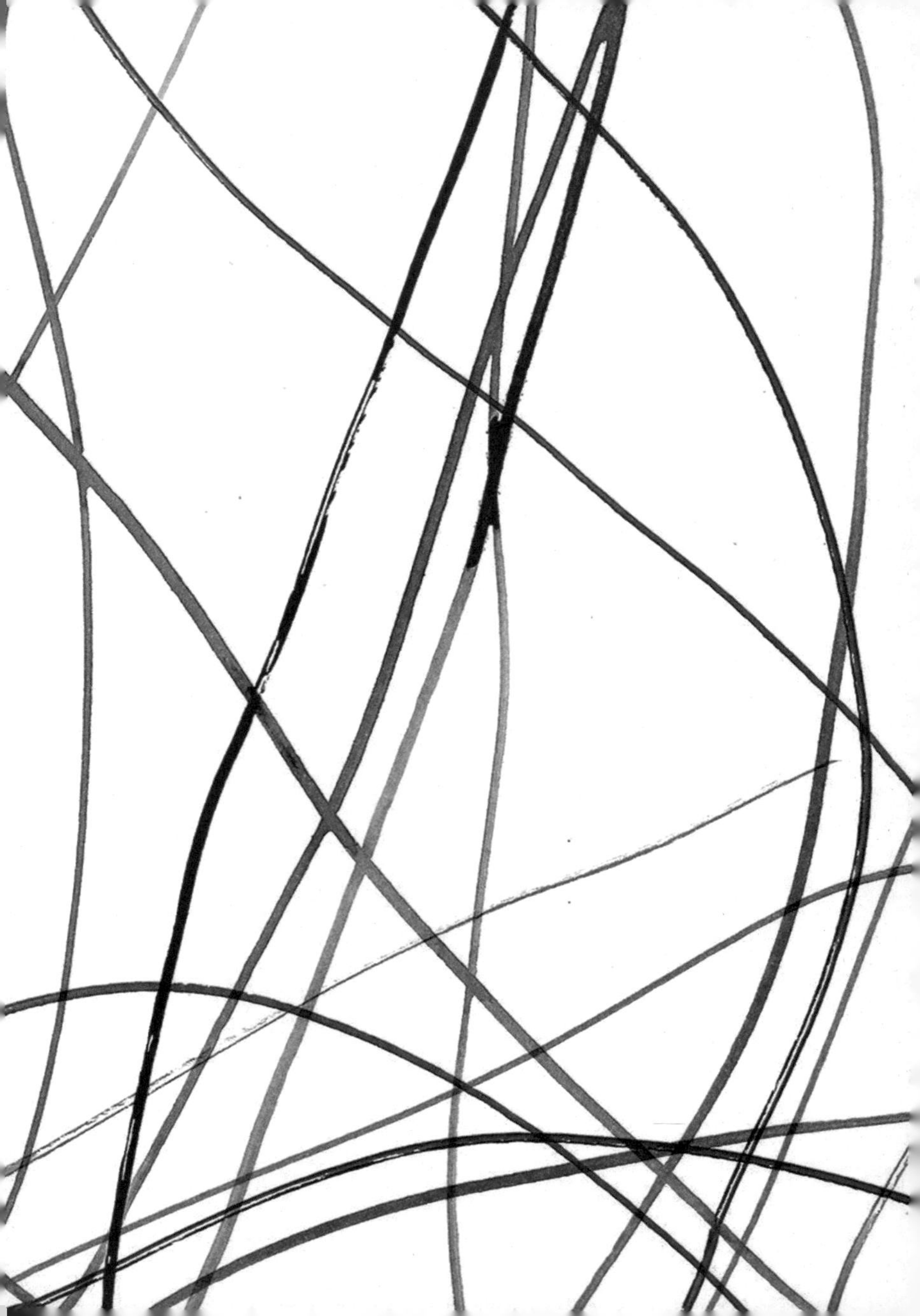

5
MINHA AVÓ, MINHA HISTÓRIA

Minha avó foi uma figura central na minha vida. Ela sempre me acolheu e acreditou em mim. Quando eu frequentava a Igreja, acredito que, além da fé, minha avó enxergava que eu teria um prumo social. Mesmo não tendo letramento racial, ela percebia que uma pessoa preta e periférica tem poucos caminhos para alcançar uma expectativa de vida melhor. A religião, para minha avó, certamente, era um modo de me oferecer uma melhor estrutura social e, consequentemente, econômica.

Minha avó tinha uma visão particular sobre o mundo. Era como se ela não pertencesse ao mundo e o mundo a ela. Em função do ciúme e do sentimento de posse do meu avô, o único acesso ao mundo que ela tinha era a televisão e, como eu já disse, uma pequena socialização com as outras pessoas da Igreja, nos dias de culto.

Assim como outros indivíduos de sua geração, ela não pensava sobre o racismo estrutural. E, por isso, muitas vezes ela reproduzia a violência como um modo de defesa. Diante de uma caixa de supermercado, por exemplo, ela, ao receber uma má resposta, podia se referir à pessoa como "essa negrinha". Ao passar na rua e ver meninos pretos fumando maconha, ela podia dizer "esses marginais, esses bandidos".

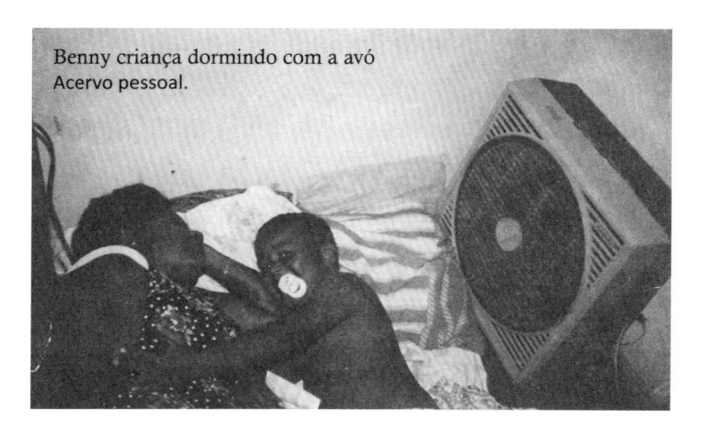

Benny criança dormindo com a avó
Acervo pessoal.

Eu, obviamente, mesmo entendendo a distância geracional, conversava muito com ela nessas situações e, em determinado momento, consegui fazê-la entender o caráter criminoso do racismo. O resultado foi ela me dizer: "Ah! Eu não vou mais fazer racismo!". Ela entendeu que era o mesmo que faziam com ela e lhe desagradava e que, portanto, ela não podia devolver na "mesma moeda". Certa vez, ela brigou com um homem na farmácia, afirmando que ele ia ser preso porque estava sendo racista.

Minha avó, graças às nossas tantas conversas, aderiu a um discurso antirracista. Aprender que o racismo era crime foi uma libertação para ela. Ela entendeu que não deveria mais se sujeitar a passar coisas que viveu a vida toda, dentro de casa, inclusive. Meu avô se referia à minha avó como "negrinha". Diversas vezes ouvi meu avô dizer: "Você está se comportando igual uma negrinha" ou então "Você está falando alto igual uma negrinha" ou ainda "Essa roupa de negrinha".

Como o racismo estrutural está presente nas nossas vivências sociais, ela acabava reproduzindo esse comportamento contra outras mulheres. Até ela entender que o mundo estava mudando, usar essas expressões era, em certa medida, uma forma de desabafo para ela.

Fomos nós, os netos, que apresentamos a ela o mundo que existe além da Igreja e da televisão (e das violências do meu avô). Falávamos das novas concepções de mundo. Ela alisava o cabelo com henê e só via madeixas lisas como bonitas, até eu e minhas primas aparecermos de trança e de cabelo black. Ela aprendeu com a gente a ver e a gostar da beleza negra. Muitas coisas ela achava bonito somente nas mulheres brancas e hoje ela percebe que pode usar o que quiser. É como se ela tivesse saído de uma TV monocromática para uma SMARTV.

Quando minha avó nos olha fazendo parte deste processo de se perceber como mulher negra e bonita, fica feliz. Vejo como ela mudou muito ao longo dos anos. Essa mudança, inclusive, fez com que ela apoiasse muito a minha transição. Minha avó conseguiu atribuir o gênero feminino a mim com mais facilidade do que o resto da família. Sinto que o amor dela é incondicional a tudo no que diz respeito a mim, mas dentro desta incondicionalidade há também alguém que consegue se olhar melhor e, com isso, olhar os que estão ao seu redor também melhor. Sei que minha avó olha para mim e sente muito orgulho (e isso dá a ela um enorme orgulho dela própria).

Eu não sou só uma travesti. Eu sou uma mulher forte, eu sou uma mulher poderosa. Então ela fica orgulhosa disso. Ela quer falar de mim para todo mundo. Em todos os lugares que eu chego, escuto: "Ah, sua avó já falou muito de você!". Para ela, é um orgulho romper a zona da marginalidade e os condicionamentos impostos pelo racismo e hoje eu ter uma vida estruturada.

Há quatro anos, uma prima minha que estudou Engenharia teve um problema com o marido. Minha avó olhou para ela e falou: "Mas por que você está chorando? Você tem emprego, você tem dinheiro, você tem casa, você tem carro. Eu nem ia querer homem se eu fosse assim". Para ela, que viveu grande parte de sua vida dependente de um homem, ver alguém com independência financeira sofrendo em um casamento não faz o menor sentido.

Minha avó Nilá me inspira muito. Aos 87 anos, está se revendo, se construindo e descontruindo, usando redes sociais e aprendendo a ser ela. É muito bonito caminhar na vida ao lado da minha avó e ver isso tudo tão de perto.

Acho interessante pensar como a minha identificação com o feminino vem de uma lógica da minha mãe e da minha avó. Eu olhava para o meu pai, para o meu avô e aquilo me assustava muito. Não me dava nenhuma alegria reproduzir estética e emocionalmente nada daquilo que eram eles. Mas eu olhava as mulheres da minha casa e percebia que aquela força e aquele modo de estar no mundo era o que eu queria seguir.

AS MULHERES DA MINHA VIDA FORMARAM A MULHER QUE SOU HOJE.

Campo de São Bento, com a avó D. Nilá.

6
MEU PROCESSO PARA SER O QUE SE SOU

Foi bastante doloroso meu caminho pela transição. A maioria de nós, quando transicionamos, não encontra apoio e agradeço a adesão que minha avó fez ao meu processo. Nos hospitais não existe suporte, nas escolas menos ainda e em outros espaços travamos uma luta constante para legitimação da identidade. Existem hoje ambulatórios trans em diversas regiões do Brasil, contudo, muitos deles não têm recursos suficientes para fazer as nossas transições. Então, geralmente, a gente acaba buscando ajuda com uma travesti mais velha, que acaba sendo nossa madrinha.

Larissa, minha amiga, foi minha madrinha. Ela, além de falar e explicar sobre os hormônios, sempre tentou me ajudar a ser uma trans estilosa. Ela me dizia que a beleza era fundamental e insistia para eu me cuidar e me arrumar.

Comecei a transicionar quando estava já na vida de militância e andava com umas saias rodadas e longas que Larissa, minha amiga, achava horrorosa e de péssimo gosto. Ela me dizia: "Você não é uma mapoa![3] Você é uma travesti! E travesti tem que andar direita". Com toda dureza, ela insistia: "Essas Amapoa do partido falam que você é bonita, mas você não é. Olha pra sua cara!". Ao mesmo tempo que ela era dura assim, sobre o que ela achava esteticamente bom para uma travesti, ela me defendia e falava: "Vou fazer de você a melhor travesti".

Quando eu ia nos eventos e alguém me zoava, ela aparecia e brigava com todo mundo. Se eu contasse para ela que alguém me chamou de feia ela ia tirar satisfação com a pessoa na hora. Eu as vezes eu dizia "Larissa, você também falou que eu sou feia".

---

[3] Mapoa significa mulher cis em Pajubá, dialeto usado pelas travestis. O Pajubá é baseado em uma diversidade e pluralidade de línguas africanas usadas inicialmente em terreiros de Candomblé.

E, entre risadas, minha amiga me respondia: "Eu posso falar. Elas não". Larissa me adotou como filha mais nova e foi bom tê-la na minha vida.

Larissa fazia parte de um movimento LGBT e foi vice-presidente da ONG GDN e também presidente do GTN. Ela era também garota de programa e certa vez me contou que quando foi pra Itália ilegalmente se prostituir, foi pega pela polícia e deportada. Como ela foi pega no meio de um programa, estava de calcinha e sutiã e se escondeu no meio do mato. A polícia estava quase indo embora, quando ela viu um negócio com o olho brilhando olhando para ela com um rabo enorme. Ela se assustou e levantou gritando quando entendeu que se tratava de um coiote. A polícia a pegou e a deportou de roupa íntima da Itália para o Brasil. Jogaram só um casaco nela. Quando chegou de volta na favela em que morava, foi comentário geral sobre sua humilhação. Todavia, ela, altiva, desceu do taxi, semi nua, mas sem ficar por baixo, pagou cerveja pra favela, rindo e contando seu encontro com o coiote.

Larissa, com seu jeito expansivo (e bem mandona mesmo) me ajudou muito na transição. Ela me disse para eu ir um dia na boate dela e quando lá cheguei me entregou uma lista de coisas que eu deveria tomar. Tantas injeções assim, tantas assim. Aqui, aqui e acolá. E, foi desse modo que comecei a virar a mulher que sou hoje.

Mas hormônio sem acompanhamento acarreta vários efeitos físicos e psicológicos. Eu tive sensação de desmaio, de cansaço. Tive disfunção hormonal. Fiquei com a barriga muito inchada, muito grande. Esse caminho não foi trilhado por um trajeto de flores não, foram muitos espinhos. Existe a oscilação de humor. O fígado também é comprometido. É bem agressivo ao organismo. E, além de tudo, dá muita variação de temperamento.

Hoje em dia, eu preciso ainda tomar hormônio. Mas, de uns dois anos para cá, eu consigo equilibrar e tomar por seis meses e, depois, ficar seis sem tomar. Foram anos e anos, toda semana tomando hormônio. No limite da emoção e sensibilidade, a queda de uma folha de árvore, pode te dar vontade de chorar.

Lembro de quando comecei a tomar hormônio. Depois de seis meses, começou a nascer o peito. Você vê seu corpo mudando, vê sua pele mudando, seu rosto e, nesse novo, nessa mudança, você começa a se reconhecer mais. Mas, até hoje, me olho no espelho e enxergo muita coisa masculina no meu corpo.

O processo de disforia, de várias coisas que a gente carrega, nos acompanha. Mas ter o acolhimento da minha avó, desde o início, me dá força, me dá a percepção de que estou no caminho certo. Vejo as mudanças dela, no que diz respeito a ter um pensamento mais flexível à diversidade e penso que cada mudança minha tem uma base de respeito e amor personificada na figura de Dona Nilá.

Devo à Larissa o que aprendi sobre transicionar, ainda que muitas vezes tenha sido de um modo doloroso e à minha avó como me aceitar e me amar. Porque é mesmo doloroso se transformar no que sua cabeça e coração deseja, mas que seu corpo não é.

TEMOS DE SER O QUE QUEREMOS SER.

7
MINHA MÃE, MINHA FIGURA

Minha mãe estudou, terminou o Ensino Médio e depois fez um curso técnico de cabeleireiro e implantista. Ela era bem à frente do seu tempo. Uma cabeça muito aberta. Como é possível imaginar pelo que contei até aqui, minha mãe teve muitos problemas com o meu avô porque ela era muito expressiva, muito liberta, enquanto meu avô era absolutamente conservador. Eu amava isso na minha mãe: seu sentimento de liberdade.

Minha avó teve um casamento marcado pela violência e minha mãe não suportava ver aquilo. Quando conheceu meu pai, foi embora de casa.

MINHA MÃE ME ENSINOU A SER UMA MULHER DA VIDA.

MINHA MÃE, MINHA FIGURA

Meu avô não queria que minha mãe se casasse com meu pai porque, nos termos dele, "era um vagabundo". Minha mãe, porém, casou-se mesmo assim, e sempre esteve ciente de que não deveria depender dele. Ela não queria em nenhuma hipótese repetir o modelo de minha avó.

Mamãe batalhou muito para ter o salão dela. E ela conseguiu a sua independência. Mesmo não tendo sido uma mãe presente para mim e para meus irmãos, devido ao fato de trabalhar muito, ela nos amava e nos tinha como prioridade. Ela queria nos dar uma boa casa, uma boa estrutura de família. Era nossa provedora e se orgulhava disso. (E nós nos orgulhamos dela).

Olho e vejo que sou filha da tradição de mulheres fortes. Minha prima Chaiana, afilhada de minha mãe, foi criada pela minha avó. Morávamos todos perto – o que é indispensável na vida de pessoas pobres: morar perto e ter sua rede próxima. Minha mãe sustentava meu irmão, Chaiana, a mim e a quem mais tivesse que sustentar com o esforço do seu trabalho. Ela dava tudo o que minha avó queria. Ela era o amparo da família, ao mesmo tempo que não socializava muito com os outros membros. Era objetiva e provedora, não era de demonstrar muito afeto.

Minha mãe foi para São Paulo estudar, fazer um curso para colocar *mega hair*. Quando voltou de São Paulo, trabalhou muito com esse recurso estético para alongar cabelos. Naquela época, o preço não era o mesmo de hoje, era caríssimo. Minha mãe aproveitou a oportunidade e abriu um "salão de botar *mega hair*". Hoje, para colocar um *mega hair*, a pessoa demora seis, sete horas. Naquela época, demorava um dia inteiro, porque a técnica era muito mais trabalhosa. Todos os dias que minha mãe fazia um *mega hair*, ela ficava desde manhã até quase de madrugada no salão. E ela fez isso a nossa vida toda para nos sustentar. O importante para ela era a gente estar muito bem arrumado, estudando, ter brinquedo e comida.

Às vezes ela nos levava para o salão, outras deixava a gente com o meu pai. Quando queria que passássemos mais tempo juntos, íamos para o salão com ela, ainda que não nos pudesse dar muita atenção. Ficávamos, meus irmãos e eu, ali sentados, olhando. Ela trabalhava de segunda a segunda. Não tinha final de semana. Não tinha um dia para passear. Minha mãe é uma figura feminina muito forte e eu me vejo muito na minha mãe. Eu acho que é isso: a força, o poder da mulher – lógico, da forma perversa (porque para as mulheres é perverso). Cabe a nós, mulheres, ao Feminismo, como nos ensina Chimamanda Ngozi Adichie, autora nigeriana, a revolução do mundo.

As mulheres, quando alcançam esferas nos espaços de poder, vão se privando de muitas coisas. A emancipação tem um preço e o custo é a liberdade, muitas vezes. Eu sentia que com ela foi assim e sinto isso comigo até hoje. Eu me privo de muitas coisas, e é esse o preço que pago para ser uma mulher de poder.

Eu aprendi muito com minha mãe sobre dor, sobre sofrimento e essas lacunas precisam ser superadas. Aprendi também muito com ela sobre cuidar dos outros. E hoje sei que não podemos nos entregar às adversidades. Vejo um outro horizonte, mas com o olhar da minha mãe (e da minha avó) na minha memória e constituição pessoal, e esta soma me faz a mulher da vida que sou hoje.

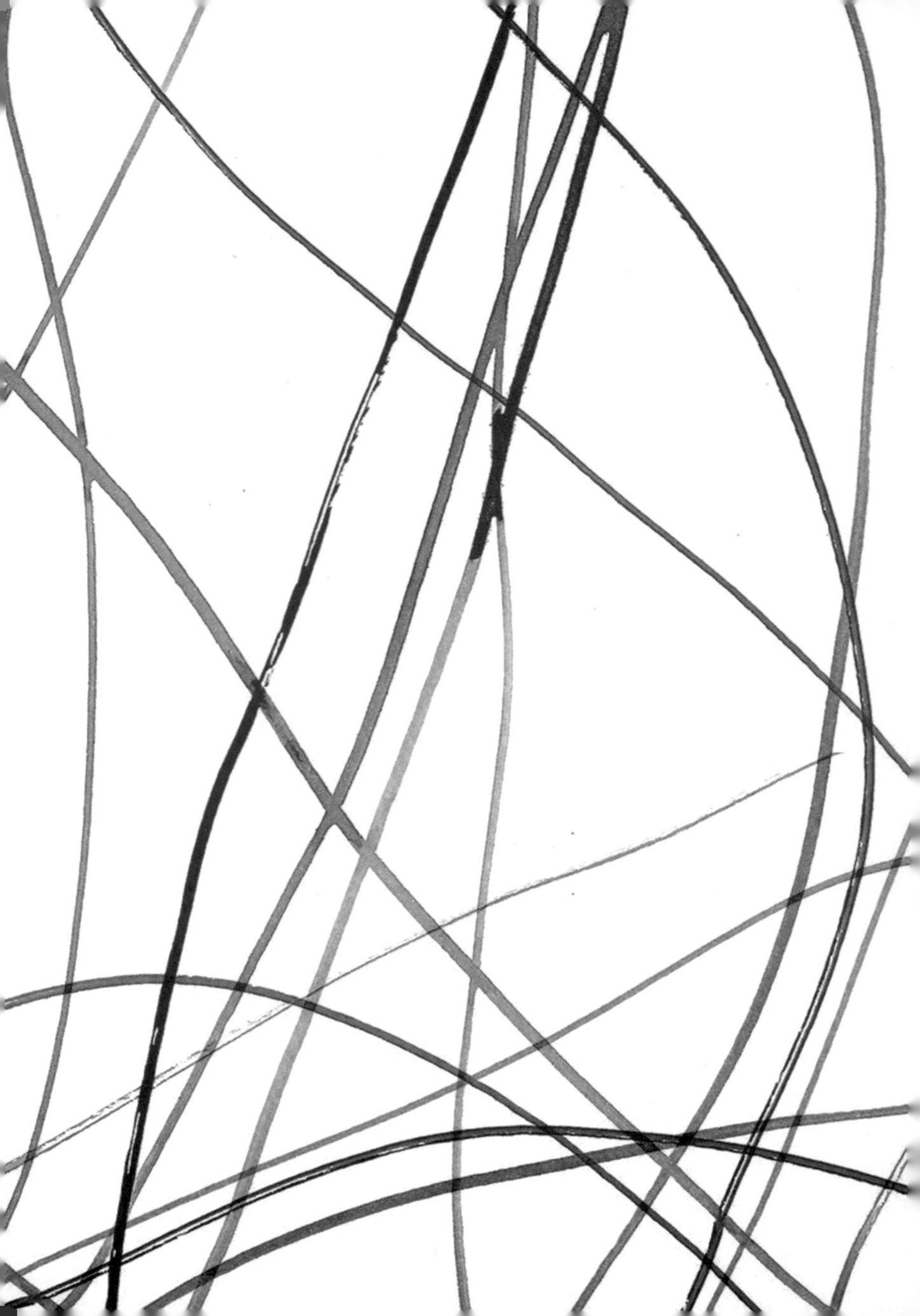

8
UM FILME DE PELES PLURAIS

"O cinema é uma poderosa ferramenta de sociabilização", nos lembra bell hooks, em *Cinema vivido: raça, classe e sexo nas telas*. Ele pode ser um modo ilustrativo de olhar para o mundo, como foi minha experiência ao assistir *A vila*, como contei ao tratar da minha saída da Igreja.

Outro filme que me inspira a pensar muito é *Tatuagem*, dirigido pelo pernambucano Hilton Lacerda. Essa obra cinematográfica transcende os limites do convencional ao explorar temas como liberdade, sexualidade e resistência em meio a um contexto político repressivo, atributo que a coloca na lista dos 100 melhores filmes brasileiros da Associação Brasileira de Críticos de Cinema (Abraccine).

O filme se passa durante a ditadura militar e narra a história de um grupo teatral liderado por Clécio Wanderley, um extravagante e carismático diretor, interpretado pelo maravilhoso Irandhir Santos, cujas performances provocativas desafiam as normas sociais vigentes. Em meio a esse cenário de efervescência artística e censura política, a descoberta da sexualidade emerge como uma força motriz, influenciando as interações entre os personagens e a própria trama do filme.

A sexualidade é abordada de maneira multifacetada em *Tatuagem*, refletindo a diversidade de experiências e identidades presentes na sociedade. O relacionamento entre Clécio e o soldado Arlindo (Jesuíta Barbosa), um jovem recruta que se envolve com o grupo teatral, é central para a narrativa e exemplifica essa complexidade. Arlindo, inicialmente reprimido e conformista, encontra em Clécio uma figura cativante que o introduz a um mundo de liberdade e autenticidade. Sua jornada de autodescoberta sexual é marcada por uma tensão entre o desejo genuíno e as pressões sociais e políticas que buscam reprimi-lo.

Além do romance entre Clécio e Arlindo, *Tatuagem* apresenta outras manifestações de sexualidade, explorando as relações entre os membros do grupo teatral e suas interações com o ambiente repressor ao seu redor. A presença de personagens femininas fortes desafia as expectativas de gênero da época. Elas reivindicam seu espaço em um mundo dominado por homens, oferecendo perspectivas outras sobre o amor e o desejo.

Essa narrativa cinematográfica marca minha imaginação e constituição enquanto ser como uma tatuagem. A estética visual de *Tatuagem* complementa sua exploração da sexualidade, utilizando símbolos e metáforas para transmitir significados mais profundos. As tatuagens, por exemplo, desempenham um importante papel metafórico ao longo do filme, representando a expressão individual e a resistência contra a uniformidade imposta pelo regime militar. A nudez e a intimidade física também são retratadas de forma crua e desinibida, desafiando as convenções cinematográficas e celebrando a beleza do corpo humano em todas as suas formas e manifestações.

Penso a descoberta da sexualidade em *Tatuagem* não apenas como uma jornada pessoal, mas também uma reflexão sobre o poder político e social que busca controlar e reprimir a expressão individual. A censura imposta pelo regime militar é representada de forma vívida no filme, evidenciando como as restrições impostas à liberdade de expressão se estendem também à liberdade sexual. A performance teatral torna-se, assim, um ato de resistência contra a opressão, permitindo que os personagens desafiem as normas estabelecidas e afirmem sua identidade em um contexto de repressão política.

Neste ano que se completam 60 anos da ditadura militar, me lembrar deste filme aqui neste livro é também lembrar que a memória da ditadura e daqueles que resistiram a ela deve se manter presente, para que aquele terror social nunca mais se repita.

O filme *Tatuagem* nos traz uma visão provocativa e provocadora da descoberta da sexualidade, contextualizada dentro de um período histórico e político específico, mas pode ser analisado de um ponto de vista contemporâneo. Ao retratar as experiências individuais de amor, desejo e autenticidade em meio a um ambiente repressor, o filme convida o espectador a refletir sobre as complexidades da identidade sexual e as lutas contínuas pela liberdade e igualdade. É uma obra que ressoa além das fronteiras do tempo e do espaço, lembrando-nos da importância de desafiar as normas estabelecidas e celebrar a diversidade humana em todas as suas formas.

A REVOLUÇÃO SERÁ A PARTIR DO NOSSO CORPO!

9
TE ADORANDO PELO AVESSO

Ah, as músicas de Elis Regina...

A voz da Pimentinha e sua interpretação forte e decidida são como um bálsamo para minha percepção estética. Ao ouvir Elis, as melodias ecoam em meu coração e despertam emoções profundas. Desde a primeira vez que ouvi sua voz poderosa e envolvente, fiquei cativada pelo seu talento inigualável e pela maneira como ela consegue transmitir tanta paixão e intensidade através da música.

Cada canção interpretada por Elis Regina, para mim, é uma jornada emocional, um mergulho nas profundezas da alma humana. Sua voz única é capaz de expressar alegria, tristeza, amor e dor de uma forma que ressoa dentro de mim como poucas coisas conseguem. É como se ela soubesse exatamente o que estou sentindo e encontrasse as palavras certas para traduzir meus sentimentos mais profundos.

As músicas cantadas por Elis têm o poder de me transportar para outro mundo, um lugar onde as preocupações do dia a dia desaparecem e só existe a magia da música. Seja em uma balada como "Águas de Março" ou em uma canção cheia de energia como "O Bêbado e a Equilibrista", sua voz tem o dom de tocar minha alma e me fazer sentir viva e da vida, como poucas.

Mais do que apenas uma intérprete talentosa, Elis Regina foi uma mulher que deixou um legado inestimável para a música brasileira. Sua presença ainda é sentida e sua música continua a inspirar gerações, provando que o verdadeiro talento é eterno e transcende o tempo.

Quando Elis canta "eu sei que o amor é uma coisa boa, mas também sei que qualquer canto é menor do que a vida de qualquer pessoa. *Por isso, cuidado, meu bem, há perigo na esquina.*" O que escuto?

O que você escuta? Escuto sobre o sentir, sobre o amar, mas também me apego a uma mensagem sobre o coletivo, como se Elis, apesar dos perigos na esquina, visse os possíveis caminhos da solidariedade e da compaixão.

É por isso que sempre que estou precisando de conforto, inspiração ou simplesmente de uma boa companhia, recorro às músicas de Elis Regina. Elas são mais do que apenas canções; são uma parte fundamental da minha vida, uma fonte de alegria e inspiração que nunca falha em me emocionar e me fazer sentir viva sempre e sempre.

Ouvir Elis, no meu cantinho e no meu, por vezes caótico, silêncio, fala muito sobre o autocuidado. Música significa esse autoamor, como por vezes Oxum que precisa lavar suas joias para cuidar dos seus filhos, penso que todos nós precisamos dessas doses de cuidado. Um cuidado que não apenas do corpo, mas da alma. Como levar flores frescas para casa, um banho bem demorado, uma comida de vó e Elis tocando, ao fundo.

Esse exercício de olhar para quem eu sou a partir do zelo e de um acarinhamento, é como em um espelho. Não como algo ligado a vaidade, mas pela importância de notar o que é bonito em mim. Em Elis encontro esse conforto, que muitas vezes somente o Abebé de Oxum é capaz de nos trazer. Em um espaço-tempo em que somos profundamente bombardeadas por todo tipo de violência simbólica, a música é meu espelho banhado a ouro.

"Atrás da Porta", uma das músicas mais emblemáticas na voz de Elis Regina, é uma obra-prima que transcende gêneros musicais e toca diretamente a alma de quem a escuta. E é minha música preferida em seu repertório. Composta por Chico Buarque e Francis Hime, a canção mergulha nas profundezas dos relacionamentos humanos, explorando os complexos sentimentos de amor, mágoa e saudade. É uma música que me traz muitas lembranças.

A letra da música, poética e evocativa, desvenda a história de um amor clandestino, marcado pelo silêncio e pela solidão. A porta serve como metáfora para os segredos e as mágoas guardadas no coração de quem ama. Um tipo de amor, que, a propósito, não quero mais ser condicionada a viver. Essa ideia de amor clandestino é, infelizmente, muito

VIVER É MELHOR QUE SONHAR.

comum para pessoas trans, como vemos a personagem Cassandra, interpretada pela Liniker, na série *Manhãs de setembro*. A aspirante a cantora é apaixonada por um garçom casado com uma mulher e pai, e, com ele, vive um romance clandestino. Se minha musa é Elis Regina, a de Cassandra é Vanusa. Grandes musas da música, inspirando grandes mulheres.

De volta à "Atrás da porta", à medida que a música progride, somos levados a uma jornada emocional tumultuosa, acompanhando o conflito interno do personagem enquanto vemos a luta para lidar com seus sentimentos conflitantes. A dor da separação, a esperança frustrada e a resignação diante da impossibilidade de um amor verdadeiro se entrelaçam em uma teia de emoções profundas e intensas. Quem nunca experimentou essas sensações?

Quando o amor não é liberto e quando não existe libertação no amor e pelo amor, há perigo, e há perigo de verdade, porque pode muito ser confundido o domínio. Em cada nota, em cada frase, "Atrás da Porta" me lembra da fragilidade da condição humana e da inevitabilidade do sofrimento que acompanha o amor não correspondido. (E como tive amores não correspondidos!). É uma canção que fala diretamente ao coração, capturando a essência da experiência humana com uma honestidade brutal e uma beleza cativante.

Para mim, "Atrás da Porta", na voz inigualável de Elis Regina, é uma obra-prima que transcende o tempo e o espaço, tocando os corações de todos aqueles que têm a sensibilidade de ouvir continua a me emocionar e a inspirar gerações, provando que a música é uma linguagem universal capaz de expressar os mais profundos mistérios da alma humana.

Durante a construção deste livro, tive que olhar muitas vezes para trás, e, nesse movimento, assimilei que a vida foi feita para viver. E como canta Elis Regina, "viver é melhor que sonhar". Cansei de ver todos os dias corpos como o meu, atrás da porta, se arrastando, se humilhando, atrás de um amor e de um desejo não correspondido. A canção é libertadora, a voz de Elis sobe e eu, ouvinte apaixonada, me rasgo pelo avesso.

E esse me rasgar pelo avesso é o momento que eu digo, Benny Briolly, mulher da vida, vai conquistar a vida de fato e de verdade. Quando falamos mulher da vida, as pessoas associam à prostituição. Agora, por exemplo, quando você fala um homem da vida, a associação não é pejorativa, pelo contrário, significa que é um cara vivido, experiente.

Aqui, neste livro, quero celebrar a vida e a construção de direitos que permite que corpos meus vivam mais e em segurança. Sabemos que tem direito, historicamente, a partir do processo de colonização patriarcal, são os homens. Mas, estou nesta jornada para ser uma mulher da vida, que não vai se permitir estar subjugada e sob a manutenção do patriarcado.

10
O CARNAVAL É UM ATO POLÍTICO!

A luta e a festa são irmãs
(Luiz Antônio Simas)

Apesar da minha formação cristã, desde criança eu sempre tive uma identificação muito forte com o Carnaval. Alguns dos meus irmãos foram criados em escola de samba e vê-los participando daquela alegria, me fez gostar imensamente da Festa de Momo.

Meu irmão Anderson Silva é o primeiro mestre-sala de uma escola de samba de Niterói, a Acadêmicos do Cubango. Acompanhando o amor e a dedicação do Anderson pela Cubango, consegui perceber também o quanto pessoas negras, pobres e faveladas se inserem em uma escola de samba e, de algum modo, até se ressignificam pelo pertencimento. Sentem que são valorizadas.

Entre a cuíca e o samba no pé, as pessoas encontram acolhimento, encontram família. Assim, o samba é uma arte de expressão, de valorização, de potencialização. É um retrato do que é a favela, do que é o povo da favela, do que é a unidade do povo negro. É um espelho de acolhimento, encontro, festa e confraternização, sem nunca perder o fator de pertencimento, bem como de entendimento do que é ser de um determinado lugar.

A dança não é um rito apenas a serviço de uma disputa, é também um rito de celebração. Trata-se de um ato de honrar aos que vieram antes, de entender o sentido de cada espaço. A dança é feita para o outro. Movimentamos nosso corpo para saudar o corpo do outro. E por isso, por essa memória, entendemos os corpos que dançam. E, nesse gingado, referenciamos aquelas existências. Com a dança, o samba no pé, saudamos mulheres, homens, crianças, idosos.

Sinto, ao entrar em uma escola de samba, que aquele lugar é propício a uma percepção e um sentimento de pertencimento, onde o verbo acolher é primordial – é uma das principais tônicas – e onde podemos ser autênticos. Um espaço onde os problemas e as aflições são deixados de lado, ainda que também seja um território para o pensamento político. Um espaço com um quê de mágico e encantador.

Corpos jovens, trans, gordos, pretos e brancos protagonizam neste espaço, que apesar de alguns monopólios do capital, é ocupado democraticamente. A rainha da bateria pode ser uma artista, mas pode ser uma mina da comunidade.

Essa festa fica linda na Marquês de Sapucaí, nos desfiles do Grupo Especial, mas pode ser vista também na ocupação das ruas pelos blocos. Ela se espraia pelas ruas, seja na Intendente Magalhães, no subúrbio do Rio, seja em Niterói, no Caminho Niemeyer, onde desfilei pela primeira vez este ano como rainha de bateria.

Eu, uma filha de Oxum, fui convidada para ser rainha de uma escola de samba que amo, a Souza Soares. É uma agremiação pela qual eu tenho total admiração, por ser uma escola de comunidade. As pessoas que ali vivem fazem parte da minha vida pessoal e política.

Desfile como Rainha de Bateria da *Grêmio Recreativo Escola de Samba Souza Soares*, carnaval 2024.

Muitos ali me acolheram, como a Dona Cidinha, uma mulher que me recebeu muitas vezes e me levou à comunidade. Mais que isso, é uma criatura que, com os olhos lacrimejando, me disse que eu precisava entrar na política, pois a gente precisava de representatividade.

Quando vou àquela comunidade, sei que as pessoas acreditam e confiam em mim. E, assim, quando me chamam para ser rainha de bateria da Souza Soares, observo que é porque veem em mim um pouco deles também. Sou uma mulher preta, travesti e represento uma comunidade. E o mais lindo, além disso tudo, viram em mim Oxum, minha mãe, meu orixá de cabeça. Enxergaram em mim a mulher que representaria Oxum.

Oxum é mãe, Oxum é dona do saber, Oxum é dona da beleza, da fertilidade. Oxum é a mulher do encanto, da magia, Oxum é a mulher da sedução, Oxum é a mulher do matriarcado.

Ano passado, no dia da coroação, quando olhei aquela quadra lotada, cheia de pessoas me recebendo, lembrei imediatamente de Tia Ciata, que dizia: "Salve todas as mulheres que lutam por igualdade e resistência!". E, ali, me senti conduzindo o legado dela. Isso é político e é revolucionário. Ali, naquela quadra, senti os meus caminhos seguindo em direção ao do meu povo, da minha gente.

É por isso que, não só por essa sensação ao entrar na avenida ou no dia da coroação, meu sentimento tão à vontade com o território do samba, tem relação direta com a minha energia, com o lugar de onde eu venho e de onde eu sou conectada: o terreiro, o axé.

Todas as vezes que escutamos os sambas de enredo, eles nos remetem à tradição afro religiosa. Criamos conexão com as entidades, os orixás. Cada bateria toca como se fosse para um orixá, como nos lembra Luiz Antônio Simas, antropólogo e pesquisador da cultura afro-brasileira conhecido por suas contribuições para a compreensão e a valorização das tradições religiosas afrodescendentes no Brasil.

Nosso corpo pode e será usado como resistência para que haja uma ressignificação de uma disputa a partir dos direitos das pessoas, a partir do reconhecimento das diferenças sociais e econômicas. O modo como usamos nosso corpo é uma expressão de orientação sexual, de identidade e de gênero, que abrange também as diferenças raciais e de classe.

O CARNAVAL É UM ATO POLÍTICO!

O carnaval é uma festa que expressa e externa amor, mas com um *modus operandi* de disputa política. Nesse espaço de afeto em que as pessoas se reconhecem enquanto humanidade, as pessoas se reconhecem a partir do que elas são e essa colocação é muito simbólica de resistência. O carnaval é uma festa de vida!

CARNAVAL
É FESTA,
CARNAVAL É AMOR,
CARNAVAL É
ANCESTRALIDADE.

11
MULHER NA POLÍTICA

O movimento de mulheres na política é uma poderosa expressão de luta por igualdade de gênero, representatividade e direitos políticos. Durante séculos, as mulheres estiveram sub-representadas ou excluídas dos espaços de poder político, enfrentando obstáculos institucionais, sociais e culturais em sua busca por participação efetiva e voz ativa nas decisões que afetam suas vidas. No entanto, ao longo do tempo, as mulheres têm se organizado e mobilizado para reivindicar seu lugar na política, promovendo mudanças significativas e estabelecendo novos paradigmas de liderança e governança.

MULHER DA VIDA

Nosso movimento busca enfrentar a sub-representação feminina nos cargos políticos em todo o mundo, lutando pela conquista de espaços de poder e influência. E eu tenho muito orgulho de fazer parte disso, sendo uma das vereadoras mais votadas de Niterói.

Nós, mulheres, temos uma luta histórica para defender pautas relacionadas à igualdade salarial, direitos reprodutivos, educação, saúde, combate à violência de gênero e outros temas cruciais para a promoção do bem-estar e da autonomia feminina. Além disso, o movimento tem como objetivo desafiar estereótipos de gênero, promover a desconstrução de preconceitos e encorajar a participação ativa das mulheres em todos os níveis de tomada de decisão política.

O impacto do movimento de mulheres na política tem sido expressivo em diversas esferas da sociedade. Mulheres líderes políticas têm desempenhado um papel fundamental no avanço de agendas progressistas, na criação de leis que promovem a igualdade de gênero e na inspiração de outras mulheres a seguirem seus passos. Essas lideranças têm demonstrado a importância da representatividade feminina na formulação de políticas públicas, trazendo novas perspectivas e experiências para a arena política.

Plenário da Câmara Municipal de Niterói 2024.

Mas não só: nossa articulação tem contribuído para a conscientização e mobilização de toda a sociedade em torno das questões de gênero, destacando a necessidade de construir estruturas políticas mais inclusivas e igualitárias. A participação ativa das mulheres na política não só impacta diretamente vidas femininas, mas também fortalece a democracia, ao garantir a diversidade de vozes e experiências na tomada de decisões que afetam a coletividade.

Lamentavelmente, o movimento de mulheres na política ainda enfrenta desafios consideráveis, como discriminação de gênero, acesso desigual aos recursos políticos e resistência por parte de estruturas tradicionais de poder. Mas nossa perseverança e nossa capacidade continuam a impulsionar avanços significativos, ampliando a representatividade feminina na política e inspirando novas gerações a se engajarem na luta por igualdade de gênero e justiça social.

No meu caso específico, já sofri ameaças físicas de diversas ordens, antes e depois de eleita vereadora. Em 2021, cheguei a sair do Brasil tal era o nível de ameaças recebidas. Atualmente, estou inserida no Programa de Proteção a Defensores de Direitos Humanos.[4]

Desejamos ser uma força transformadora no cenário político, uma voz coletiva que desafia as desigualdades de gênero, promove a inclusão e reivindica o direito das mulheres de ocupar espaços de poder e liderança. A persistência desse movimento é fundamental para a construção de um futuro mais igualitário e democrático, no qual todas as pessoas, independentemente de seu gênero, tenham a oportunidade de contribuir plenamente para a construção de uma sociedade mais justa e equitativa.

No mês de agosto do ano de 2023 organizei na cidade Niterói um evento pensado para mulheres. Neste evento, valorizamos a história de luta e resistência de diversas mulheres que nos seus territórios

---

[4] Durante a finalização do processo de produção deste livro, o relator do Tribunal Regional Eleitoral do Rio (TRE-RJ), Peterson Barroso Simão, votou pela condenação do deputado estadual Rodrigo Amorim (PTB) - primeiro réu em processos dessa natureza no Rio após o TRE-RJ aceitar pedido da Procuradoria Regional Eleitoral-, no caso que apura ofensas cometidas por Benny Briolly. Barroso votou pela condenação do parlamentar, por cometer violência política de gênero, em um ano e quatro meses de reclusão, convertida em prestação de serviços em entidades que acolhem pessoas LGBTQIA+ e multa de 70 salários mínimos.

VAMOS CONSTRUIR UM PAÍS COM MAIS MULHERES NA POLÍTICA.

produzem saberes, culturas e políticas. A diversidade de mulheres na sua pluriversalidade como negras, indígenas, trans e travestis, jovens e matriarcas tomaram conta do Teatro Popular Oscar Niemeyer. Emocionantemente, pude homenagear também a minha avó. Mulher negra e pobre, mas sempre aguerrida, que desde pequena soube me dar amor, afeto e o apoio necessário para que eu me tornasse quem sou.

Em *O perigo da história única* de Chimamanda Ngozi Adichie (2009) é possível observar como as narrativas brancas hegemônicas produzem imaginários sobre a população negra. Proporcionar esse momento para minha avó, que também é mãe de tantas outras mulheres negras e jovens, foi recalcular um outro imaginário sobre a vida dela. A emoção dela, com os olhos cheios de lágrimas e sensibilidade por ser ver reconhecida e valorizada atravessou profundamente meu coração. Uma mulher negra, que foi abandonada e esquecida pelos braços do afeto real, não poderia deixar de ser lembrada no meio de tantas outras mulheres potentes e que criam entre si rotas de fugas e sobrevivências.

Foto: Luana
Teatro Oscar Niemeyer Evento Raizes que nos sustentam, ano 2023.

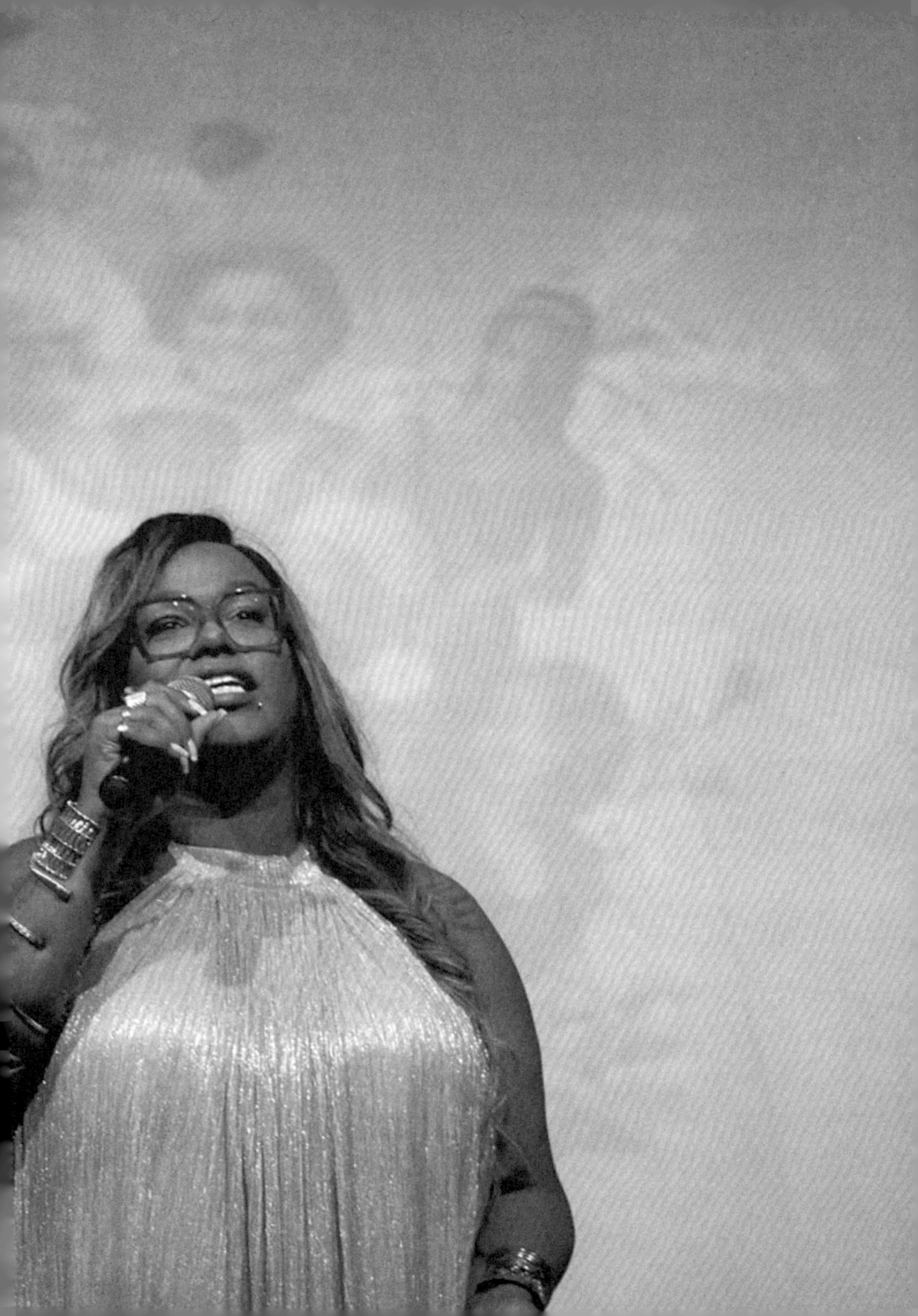

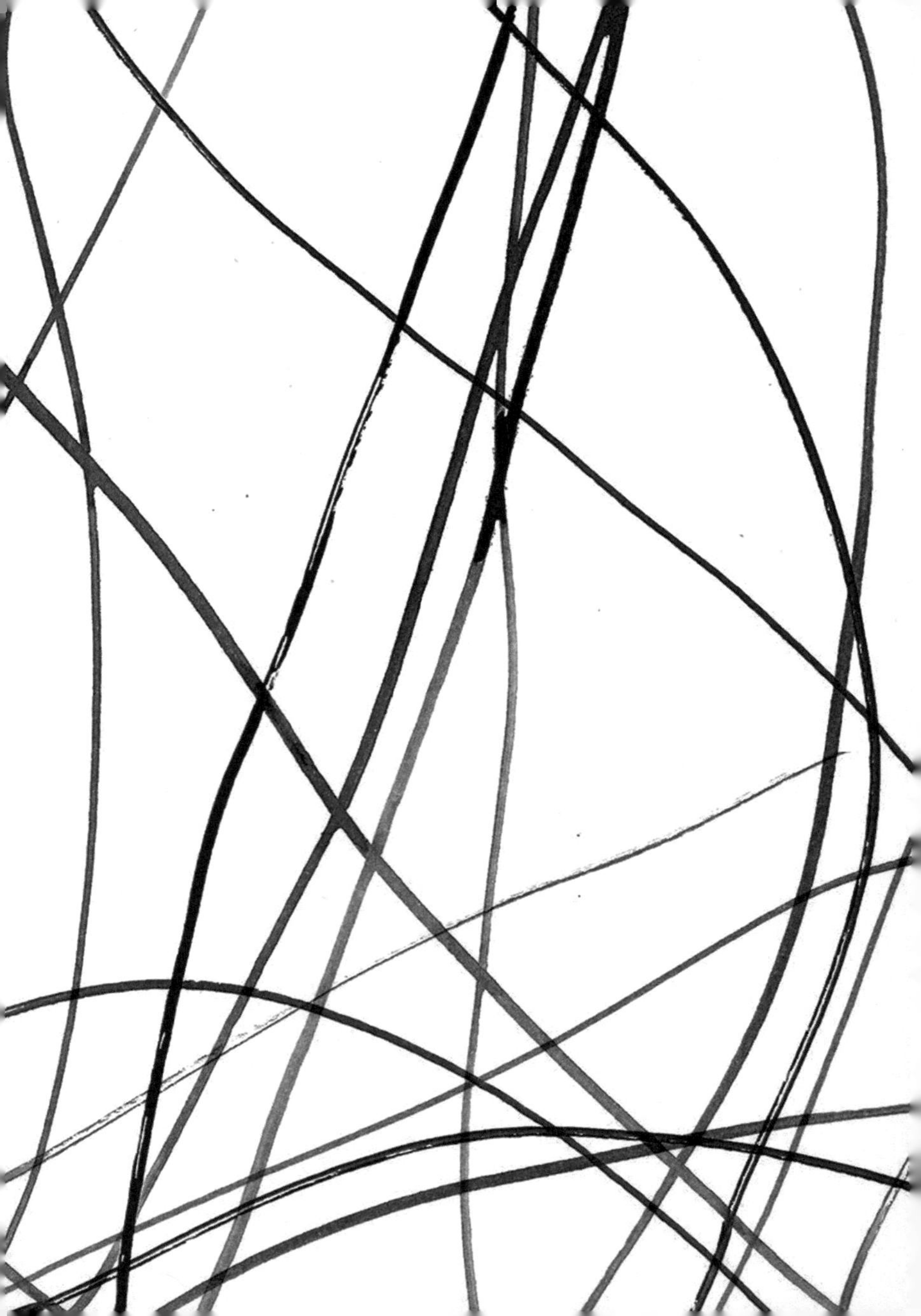

12
MARI, UMA AMIGA, UMA FALTA

Marielle Franco foi muito mais do que apenas uma figura pública; ela foi um símbolo de esperança, coragem e luta por justiça. Sua presença vibrante e sua voz incansável ecoam nas mentes e nos corações daqueles que a admiravam e respeitavam.

Com sua determinação inabalável, Marielle dedicou sua vida a defender os direitos humanos, especialmente os das comunidades marginalizadas e desfavorecidas. Sua paixão pela igualdade social era evidente em cada discurso, em cada ação e em cada gesto que fazia.

MULHER DA VIDA

A cria da Maré era uma luz brilhante em meio à escuridão da injustiça, sempre disposta a enfrentar os desafios mais difíceis em nome daqueles que não tinham voz. Sua coragem inspirou muitos a se levantar e a lutar pelos seus direitos, mesmo quando isso parecia impossível.

Marielle não apenas falava sobre mudança, ela as vivia. Ela também era uma mulher da vida, que trabalhava incansavelmente para criar um mundo mais justo e livre de desigualdades, onde todos tivessem oportunidades de se desenvolver e viver com qualidade e bem-estar. Sua ausência deixou um vazio profundo, mas seu legado continua a guiar e a inspirar aqueles que continuam sua luta.

Hoje, lembramos Marielle Franco com carinho e gratidão. Sua vida foi um testemunho do poder da resiliência e da determinação, e seu impacto continuará a ser sentido por gerações. Que sua memória continue a nos fortalecer na busca por um mundo melhor, onde a justiça e a igualdade sejam verdadeiramente alcançadas. Marielle vive em nossos corações e em nossa luta contínua por um futuro mais justo e humano.

As amigas Benny, Marielle e Talíria no Congresso Psol em São Paulo.

Lembro que muitas vezes estávamos sentadas em bares como o Amarelinho, na Cinelândia, e ela me dizia "Benny você vai ser o futuro porque nós precisamos de mulheres transexuais na política". Começamos a formular várias estratégias e a fazer reuniões e encontros. A Mari tinha sempre estratégias muito inteligentes, ao mesmo tempo que era muito acolhedora. Cada abraço, cada orientação e cada conselho que ela dava era no sentido de me fazer levantar a cabeça, mirando uma transformação social[5].

Combater a violência de estado, proteger a vida da população favelada e lutar contra o machismo e o racismo estrutural para que o mundo fosse um espaço de todos era o que a Mari desejava e lutava. Ela dizia: "O mundo vai ser nosso!". E sou grata por tê-la conhecido, pois as experiências com a Mari fizeram eu me tornar a mulher que sou. As pessoas dizem e eu vejo que sou uma semente do legado de Marielle Franco.

Ela defendia acirradamente as mulheres transexuais. Ela compreendia que nós, travestis, precisamos caminhar lado a lado com as pautas pela

---

[5] Minha luta é diária contra a violência política de gênero, pois quero ver mais de nós nos espaços de poder. Protocolei no dia 14 de março - dia da morte de Marielle - um projeto que prevê uma semana de luta contra a violência política de gênero.

MARIELLE

PRESENTE!!!

igualdade das mulheres. Marielle Franco e Talíria Petrone foram parlamentares que entenderam que mulheres travestis também são mulheres e precisam estar nos espaços de luta compondo as fileiras dos movimentos de mulheres pelas pautas feministas e de gênero.

Porque não é apenas sobre mim, mas sobre uma violência estrutural que faz com que o Brasil seja o país que mais mata travestis e transsexuais no mundo. É sobre o aumento da violência política no Brasil, que já nos tirou Marielle Franco de maneira brutal, crime que continua sem respostas. É sobre como a violência política contra parlamentares negras e trans tem se tornado cada dia mais recorrente.

13
RESSIGNIFICO TODOS OS DIAS O AMOR

O afeto sempre foi uma coisa muito presente na minha vida. Cresci em uma casa onde minha mãe, minha avó e minha família puderam me ensinar o que é o afeto e o acolhimento. Embora eu tenha crescido em meio à dor, aos problemas, à dificuldade financeira, e – sendo bem realista, e um ambiente assolado pela fome e afetado pelas precarizações da vida – o amor era o que nos unia e o que me permitiu superar todas essas adversidades.

Ao longo da vida e do meu amadurecimento, fui entendendo que dores eram tão constantes quanto reais. Quando cheguei à minha vida adulta, comecei a entender que a dor poderia se transformar em amor e em afeto. Nesse momento, assimilei que amar é uma prática de desenvolvimento. É um modo de ser e de se conectar com o mundo. Mas, infelizmente, em nossa cultura as pessoas não costumam ter a dimensão de que amar vai muito além de uma relação amorosa com um parceiro, com uma parceira. O amor extrapola o vínculo sanguíneo e se apresenta como uma criação a partir da coletividade, da identificação.

Sou uma mulher de Oxum. Ao mesmo tempo em que eu sou uma pessoa muito vaidosa, sou também extremamente cuidadora e muito entregue às sensações, ao toque, ao olhar e às possibilidades de conexões. Comecei amar com muitas fragilidades, por ter vindo de um processo de dor, de exclusão social e por ter um corpo trans. Sabemos que aos corpos trans o mundo nega o amor. Tanto o amor próprio que nos ensina Oxum como o amor romântico, isso porque, inclusive, o mundo nega a cidadania, a humanização e a dignidade para corpos como o meu. A sociedade insiste em ver os corpos trans como sujos ou como objetificados.

Aprendo a (me) amar diariamente. Com tempo, desmistificamos a ideia de que a relação amorosa é absoluta e irreal. Depois de algumas relações conjugais, temos a compreensão de que amar não é ter o outro, bem como tampouco é o outro fazer parte da sua vida por completo e vice-versa. Não podemos ter o amor no campo semântico da perda, como se sempre estivéssemos à beira de perder o outro (e se perder junto). Não podemos normalizar este sentimento de perda. O amor não pode ser posse do outro, menos ainda imposição de desejo. Amor funciona em estado de libertação e da emancipação dos corpos. Estar em estado amoroso, independentemente de estar juntos ou distantes, em um ato de prazer ou em uma conversa mais tensa, é uma conexão que traz a energia à tona da libertação dos corpos. Amar tem de ser liberdade e não prisão.

Então, hoje, depois de tantas frustrações no campo amoroso, posso olhar para o amor, como olho para um espelho. É nesse olhar para mim mesma, que começa essa identificação de como é ser amada. Sempre olhei o mundo sob a perspectiva da cis heteronormatividade, e, esperava o homem que iria me amar e se dedicar a viver esse sentimento comigo. Todavia, percebi que esse homem que eu esperava não existe. Não porque eu não posso ser amada, seja pelo meu corpo, pela minha raça ou qualquer outro motivo, ele, este homem (ou par) não existe porque parte de uma idealização.

Eu ressignifiquei o amor, quando entendi que não há uma régua medidora deste sentimento. A formatação de amor para mim, não parte mais, no final das contas, do amor romântico herdado do século XIX, para atender valores burgueses e religiosos. Olho hoje para a transitividade do verbo amar e percebo que estas características indelével e inexorável acontecem em grandes e pequenos gestos. Em meio às violências dos corres da vida, um simples gesto de segurar a mão de uma mulher transexual, travesti, negra, dentro de um shopping na Zona Sul carioca, diante de todos os olhares, de todos os estigmas e preconceitos, é um ato de amor tão revolucionário, muito maior do que uma noite ardente entre quatro paredes.

Sem fantasias (sexuais inclusive), me dei conta de que o simples gesto entre estar ao meu lado e entender a minha capacidade intelectual e me admirar era muito mais importante para a construção de intimidade do que todas as fantasias romantizadas que realizei ao longo da vida. Só me foi possível aprender isso sobre o outro, porque olhei para mim. Apesar de algumas desilusões, fui muito amada e tive companheiros que me amaram muito – que me amam até hoje, assim como os amo também até hoje, ainda que de outro modo.

O amor, no meu aprendizado, tem muitos processos. Embora, nós, mulheres, tenhamos aprendido que o amor precisa ser um sofrimento e um domínio do desejo e do corpo do outro, entendo hoje que o amor, como já disse, é libertador. O amor fundamentado nos conceitos patriarcais, fruto de um processo colonizador de posse e servidão, é um amor que a mim não interessa. Esse sentimento tão nobre e tão buscado pelas pessoas precisa ser envolvido de uma felicidade que é expressa em liberdade. Sentimo-nos capazes de flutuar sob os efeitos químicos da paixão e esse poder digno de super-heroínas precisam permitir a emancipação do outro, para assim, este outro flutuar leve junto com você, como no quadro *L'anniversaire*, de Marc Chagall.

Ainda que a sociedade atribua ao amor o sentimento de posse e de domínio, o ciúme, a perseguição, a violência e uma série de outros elementos que em nada tem a ver com este sentimento tão intransitivo, acredito que o amor seja um ato de evolução espiritual, mental e social capaz de provocar revoluções pessoais e sociais.

Quando eu era criança meu avô era muito duro, assim como meu pai, mas existia o amor de uma certa forma. O amor era real entre os homens da minha família, ainda que fossem muito enrijecidos devido a suas trajetórias de vida, cheias de adversidades. Não (se) abraçava, mas existia o amor, ainda que se apresentasse só como um modo de defesa da família, muitas vezes de uma forma até machista.

Com meu aprendizado, posso hoje ensinar para os mais novos da minha família que amor é mais de que defender os nossos. Pois aprendi, e quero ensinar, que é também chorar junto, dividir preocupação, acolhimento. É a certeza de que se a gente fracassar o outro vai estar de mãos estendidas e ombros a postos.

O amor nasce do olhar, do matriarcado de uma forma linda, significante e poderosa. Oxum, mãe do cuidado, da beleza, da sensualidade e da fertilidade, traz o amor de uma forma belíssima, visto que se fecunda na estratégia embasada na dedicação e no cuidado, partindo sempre de si para o outro. Não podemos abrir mão de cuidar de si para amar o outro, mas que precisamos nos cuidar e amar para poder fazer com que o outro sinta esse amor. E nem sempre o amor te leva para o caminho que você acha o mais correto.

SE EXISTE AMOR, EXISTEM CAMINHOS.

14
VAI SER TUDO NOSSO E NADA DELES

Quando falo de mulher negra, me lembro de um texto de Lélia Gonzalez intitulado "Racismo e sexismo na cultura brasileira", no qual ela delimita as três faces da mulher negra brasileira: a mulata do carnaval, a ama de leite da casa-grande e a doméstica servente. É esse lugar que eu quero discutir aqui justamente porque trago as mulheres da minha família nesta obra: minha avó, minha prima e minha mãe.

Trago lugares de mulheres que foram vistas e ainda são vistas nessas três faces de mulheres negras. Minha avó por vezes esteve no lugar da ama de leite, daquela que só cuida e muitas vezes é privada de fazer o que realmente quer. Já contei aqui que só depois de idosa ela se reconheceu de novo.

Falei também sobre o Carnaval, uma face potente da cultura negra, face essa que consegue traduzir a beleza, o encantamento, a sedução e o axé – a luz do nosso povo. Mas quando falo de Carnaval e falo da minha paixão pelo Carnaval, também não posso deixar de mencionar a hipersexualização das mulheres negras nesse evento. Ora, precisamos entender que essa não é a única face de uma mulher negra: sim, somos bonitas, mas temos muitas outras faces. Somos profissionais, somos mulheres cheias de talento, somos mulheres grandes, somos mulheres que mudam a política do Brasil. Somos muitas.

Quando falam sobre a mulher doméstica, aquela que deve servir, aquela que deve estar abaixo dos homens (principalmente dos homens brancos), eu preciso refletir sobre o papel que nos querem impingir. Sendo a vereadora mais votada da cidade de Niterói, muitas vezes essa face da subserviência se traduziu (ou tentou se traduzir) no meu cotidiano político. Muitas vezes, dentro da Câmara, fui tratada como doméstica e subserviente, aquela que deve (ou não deve) falar. Diversas são as violências vividas naquele espaço, que traduzem a violência política contra mim. Eu, mulher negra eleita democraticamente, para eles, não devo nem ter espaço para falar.

Quando Lélia Gonzales trata da nossa hipersexualização e o nosso apagamento social, quando aborda o lugar de subserviência imposto por uma sociedade machista racista e patriarcal, ela questiona também sobre as faces pelas quais todas as mulheres negras são lidas nesse Brasil.

Mas eu quero romper e eu rompo com isso através da ética do amor, assim como bell hooks, em seu livro *Tudo sobre o amor*. Nessa obra, aborda o amor como uma ética social e coletiva, construída não só nas relações românticas, mas em todas as relações produzidas com reciprocidade, com verdade e, principalmente, com afeto.

Sou uma travesti, preta, favelada e de axé. Resistir é muito pouco para mim!

Em toda minha trajetória pessoal e política, minha luta se deu pela existência plena das pessoas. Nunca admiti que pudesse haver existência sem plenitude, sem direitos e prazeres. Existir consiste em

É PRECISO RESISTIR PARA TER EXISTÊNCIA. SEJA RESISTÊNCIA!

amar, sonhar, sorrir e, sobretudo, viver e poucas coisas podem ser mais resistentes para diversos grupos da nossa sociedade do que existir.

O mero resistir me incomoda, porque coloca os corpos no centro da adversidade, num lugar de gasto de energia gerado pela demanda trazida por alguém. É uma resposta oca e estéril a pessoas que cismam em tirar o direito dos outros de viver.

Quando falo de Maria Mulambo como um exemplo de fé e amor, me refiro a viver. Não sobre um viver que é determinado por outras pessoas, mas sobre um viver que resiste a rótulos e formatos e que se pauta na liberdade dos corpos, desejos e sonhos.

Acredito justamente nisso, na existência plena das pessoas. Não falo da ausência de coisas ruins. Para mim, felicidade e tristeza são momentos de construção e necessárias muitas vezes para o nosso existir. Se a resistência não funcionar como a forja de Ogum, que transforma o aço em ferramentas para cultivar a terra, a adversidade não tem qualquer sentido.

Refletindo sobre as lutas que travo politicamente, e muitas vezes como ato de resistência, grande parte se refere à busca pelo direito de existir.

Defender o direito à renda básica, à empregabilidade, ao desenvolvimento econômico e a questão transvestigênere é trazer ao diálogo político e público a existência.

As opressões cotidianas, daqueles que são excluídos, geram um não existir. Quanto mais violentas e amplas as opressões, maior a necessidade da resistência, que resulta justamente nesse sentimento de não viver e de eterna vigilância. Por isso, a importância de superarmos essas questões, mas olhando o existir como objetivo, como futuro.

Celebrar a ancestralidade revela não somente um reconhecimento aos muitos corpos resistentes que nos permitiram estar aqui, mas ressignificar cada um deles com uma existência plena, que dança, sorri e gargalha!

Gargalho! Gargalhemos!

VIVER É UM DIREITO FUNDAMENTAL!

Este livro foi composto em papel pólen bold 90g

e impresso em abril de 2024.

Que este livro dure até antes do fim do mundo.